AF140519

Dietmar Elsner

Unterwegs

aber nicht allzu weit ...

Streifzüge durch Hochheim und seine Umgebung

Erste Auflage (V1)
Copyright © 2014 Dietmar Elsner
Alle Haupt- und Nebenrechte vorbehalten.

Weitere Informationen siehe Internetseite
www.dietmar-elsner.de

Dietmar Elsner
Danziger Allee 59c
65239 Hochheim
dietmarelsner@web.de

Umschlagseitenfoto Sonja Elsner
Herstellung und Verlag:
BoD-Books on Demand, Norderstedt
ISBN 9783734730061

Inhaltsverzeichnis

Zum Buch

Dieses Buch ist kein Stadtführer, es ist eher ein persönliches Tagebuch, das zufällige Eindrücke, Geschichten und Gespräche über Hochheim festgehalten hat. Es enthält kein Hotelverzeichnis und keine Empfehlungen. Sehenswürdigkeiten tauchen auf oder auch nicht. Der Autor schrieb einfach auf, was er auf seinen Streifzügen erlebte und darüber dachte.

Der Autor

Dietmar Elsner lebt seit rund 20 Jahren in seiner Wahlheimatstadt Hochheim. Er ist IT Projekt- und Qualitätsmanager im Ruhestand, nun freier Journalist und Buchautor.

Er ist verheiratet, hat drei Kinder und wohnt in der sogenannten ‚Weststadt' Hochheims. Fast täglich besucht er die Stadt, meist um einen Kaffee zu trinken, danach umrundet er Hochheim auf dem Fahrrad und besucht die eine oder andere Nachbargemeinde.

Seine Homepage: http://www.dietmar-elsner.de

Vorwort

Orte sind wie Menschen, sie haben einen bestimmten Charakter. Manche haben auch einen gewissen Charme und eine angenehme Ausstrahlung.

Hochheim hat diese Eigenschaften und die Einwohner meist auch. Ich habe sie freundlich, höflich, hilfsbereit und humorvoll kennengelernt. Vor allem, wenn sie bei einem Glas Wein zusammensitzen.

Auf meinen Streifzügen durch Hochheim habe ich die vielen Leute um mich herum oft und möglichst genau beobachtet.

Zugegeben, das tun viele. Ich jedoch habe auch aufgeschrieben, was ich gesehen, gehört und mir dabei gedacht habe.

Mir gefällt es hier. Weil Hochheim ein bestimmtes Flair hat, weil es so friedlich, so schön ist und - weil ich die Hochheimer mag.

DIETMAR ELSNER

Im Herbst 2014

1 Brötchen aus der Kälte

Welcher Idiot kommt auf die Idee, bei fünf Grad Celsius mit dem Fahrrad Brötchen zu holen? Unter fünf Grad setze ich mich nicht aufs Rad. Oberhalb dieser Schmerzschwelle fahre ich, aber nur bestens verpackt. Im Detail: Ich ziehe dicke Handschuhe über die Finger, die schwarze Sturmhaube über den Kopf und stopfe einen Schal in den Kragen des Anoraks. Lange Unterhosen sind selbstverständlich.

Heute meinte es das Schicksal nicht gut mit mir. Beide Thermometer, eins auf der Nordseite und eins auf der Südseite des Hauses, zeigten genau 5,0 Grad an. Das ist keine Hilfe. Ist das nun oberhalb oder unterhalb der kritischen Entscheidungstemperatur?

Da ich kein Schwächling sein will und weil ich mich ständig als ausgesprochen fit bezeichne (jedenfalls für mein Alter), setze ich mich eben doch aufs Rad. Nun friere ich erbärmlich. Fahre ich schneller, werden die Wangen durch den Fahrtwind noch eisiger. Fahre ich langsamer, bin ich noch länger in der Kälte unterwegs. Man hat es nicht leicht.

Kein anderer Radfahrer ist unterwegs. Verständlich. Auch kein Hunde-Gassigeher ist auf der Straße. Jogger oder Walker sowieso um diese Uhrzeit nicht. Es ist Samstag und noch kurz vor sieben.

Am Kreisverkehr öffnet der Privatbäcker gerade seinen Laden. Also die Klappe seines alten Renault-

Lieferwagens. Wir nennen seine Geschäftsräume aus Spaß gerne ‚Brotbüchse'. Hoffentlich hat er einen Heizkörper neben seine Füße gestellt.

Fast alle Rollläden in den Wohnhäusern sind noch unten. Vernünftige Leute liegen jetzt im Bett. Um diese Uhrzeit vermutlich sogar im eigenen. Nach der letzten Kurve sehe ich endlich Licht aus einer Schaufensterscheibe fallen. Drinnen warten drei Verkäuferinnen auf mich.

Eine räumt dann noch ein wenig hin und her, die beiden anderen bemühen sich, mich zufrieden zu stellen, indem sie ein Sesam-, zwei Kaiser-, ein Dinkel- und ein Mehrkörnbrötchen in eine Papiertüte fallen lassen. Extra verpackt werden noch drei Buttercroissants, damit sie ihre Form und Größe behalten. Ich zahle und bekomme dreimal einen wunderschönen Tag gewünscht.

Auf der Rückfahrt bemerke ich, wie ich immer wacher werde. Plötzlich gefällt mir die kalte Luft, die um meine Nase streicht. Der dunkle Himmel erscheint mir nicht mehr schwarz, sondern dunkelblau und ich freue mich für den Mann in der Brotbüchse, weil mehrere Kunden bei ihm anstehen.

Zuhause werde ich schon erwartet, übergebe meiner Frau die duftenden Brötchen. Dann bekomme ich ein liebevolles Dankeschön und einen warmen Kuss auf die eiskalte Wange.

Der Frühstückstisch ist gedeckt, meine Frau gießt mir Kaffee ein. Er duftet mit den Brötchen um die Wette.

Was will man mehr? Das Leben kann so schön sein. Jedenfalls bei 23 Grad Zimmertemperatur.

4. Januar 2014

2 Im Schnee

Manchmal habe ich mit meinen 73 Jahren den Eindruck, ich wäre der Munterste in der ganzen Familie. Jedenfalls früh morgens, also jetzt. Es ist kurz nach sechs Uhr, meine Tochter schläft noch und meine Frau auch. Obwohl sie sich gerne als Frühaufsteherin bezeichnet, wird sie schnell ungehalten, wenn sie vor acht geweckt wird. Es sei denn, sie muss zur Arbeit fahren.

Schon vor Jahren schrieb ich einmal auf einen Zettel „Psst. Frühaufsteher schläft!" und klebte ihn mit Tesa an ihre Türe. Das werde ich nie wieder tun.

Ich sitze auf der Bettkante in meinem Wohn-, Arbeits- und Schlafzimmer unter dem Dach unseres Reihenhauses, möchte nach dem Wetter sehen, stehe auf, lasse den Rollladen elektrisch hochfahren (Solarantrieb!) und staune. Draußen ist alles weiß. Schnee liegt auf den Dächern, den Bäumen, den geparkten Autos und auf der Straße. Ich entriegele das Fenster, hebe es an, fühle, wie die frische kalte Luft auf meine nackten Füße herunterfällt. Ich will mehr davon spüren. Ich will raus!

Nur langsam wird es draußen heller. Deshalb bleibe ich erst noch im Haus, schaue in die E-Mails, schreibe ein wenig, bis es draußen langsam hell wird. Meine Aktivitäten im Bad und am Kleiderschrank stören die beiden Tiefschläfer nicht. Bald stehe ich warm angezogen innen vor der Haustüre und prüfe, ob ich alles habe. Anorak, Mütze, lange Unterhosen, dicke Socken, Handschuhe? Alles O. K.

Ich möchte nicht planlos durch den Schnee stapfen, ich habe bereits ein Ziel im Kopf: Schneebilder könnte ich machen. Eine Fotoserie mit tollen Winterbildern fehlt mir noch in meiner Fotosammlung. Das milde Klima Hochheims lässt Schnee meist recht schnell schmelzen.

Damit mein knurrender Magen nicht die Vögel und Kaninchen verscheucht, bereite ich mir noch schnell ein Junggesellenfrühstück zu. Vor 50 Jahren, als ich noch (fast) allein lebte, erfand ich es, weil ich morgens meist keine Zeit mehr hatte und weil es in der Kantine sowieso was Besseres als bei mir zuhause gab.

Ich hole also in Gedenken an alte Zeiten ein großes Trinkglas aus dem Hängeschrank in der Küche, fülle kalten O-Saft ein, schütte Haferflocken darüber und warte, bis sie nach unten gesunken sind. Dann trinke ich die zwar gesunde, jedoch kalte Köstlichkeit, rühre immer wieder um und löffle schließlich die Reste aus dem Glas. Das klappert zwar, aber meine ‚Mädels' stört das nicht. Ich gehe von kuschelig warmem Tiefschlaf aus.

Ich ziehe die Schuhe wieder an, hänge mir noch die Kamera um den Hals und plane im Geiste schon meine Fototour: Erst durchs Wohngebiet, dann an den

Tennisplätzen und dem Weingut vorbei zum Abenteuerspielplatz. Dann sehen wir weiter.

Draußen vor der Haustüre muss ich meinen Plan sofort wieder ändern. Der Nachbar rechts war noch früher wach als ich und hat bereits seinen Hauszugang und den Bürgersteig vom Schnee befreit. Er hat sogar noch weiter gekehrt, als sein Grundstück reicht. Etwa einen Meter in mein Revier hinein.

Dieses freie Stück sieht mich nun besonders vorwurfsvoll an. So als wollte es sagen: „Hier geht es weiter. So wird das gemacht. Keine Ausreden, das ist Bürgerpflicht. Und bitte nicht erst am Nachmittag."

Ich hole tief Luft, atme laut durch die gespitzten Lippen aus, gehe wieder rein, lege meine Kamera ab und hole den großen Besen und die Schneeschaufel aus dem Keller. Der Schnee ist nass und staut sich auf der Schippe, ich werfe ihn abwechselnd nach rechts und links in den Vorgarten ohne Rücksicht auf die sowieso verschneiten Rosen und die Erika. Das ist harte Arbeit, ich schnaufe gehörig, er hat sich bestimmt absichtlich schwer gemacht, um mich zu ärgern. Aber ich halte durch. Den Schnee vom Bürgersteig werfe ich dann möglichst weit auf die Straße hinaus. Die Autos dürfen ihn dort plattdrücken.

Der Nachbar zu meiner Linken tritt gut gelaunt mit dem Besen und einer großen Tüte in den Händen aus der Haustüre und grüßt mich freundlich. Ich grüße ebenso zurück, mit Nachbarn sollte man sich immer

gut stellen. Er macht es sich leicht, kehrt nur ober-
flächlich und streut dann großzügig Salz. Ich stütze
mich mit beiden Händen auf den Stiel meiner Schau-
fel und schaue ihm zu. Er kommt immer näher und
wirft dann nachbarlich großzügig mehrere Hände voll
Salz auch noch auf ,meinen' Bürgersteig. Ich bedanke
mich.

Auch mein Nachbar macht eine Pause, stellt seinen
Besen und die Tüte ab und wir beginnen ein Schwätz-
chen. Wir fangen mit dem Schnee an, machen weiter
mit der Kälte, dem Wind, der rutschigen Straße, den
zu fütternden Vögeln, leiten dann über zum älter
werdenden Haus samt seinen genauso alten Wasser-
leitungen. Gerade als wir über die fehlende Brücke
zum Spielplatz herziehen wollen, schaut seine Frau
zur Haustüre heraus und ruft ihm zu: „Komm jetzt
endlich. Das Frühstück ist fertig."

Wir gehen beide hinein, natürlich getrennt. Er freut
sich auf den heißen Kaffee, ich hänge mir wieder den
Fotoapparat um und stapfe über die Danziger Allee
hinweg in die kalte Landschaft.

Da die einzelnen Bilder nichts kosten, knipse ich einfach drauflos. Das ganze Stadtviertel ist momentan
ein einziges Fotomotiv. Auf den Ästen liegt wie sorgfältig drapiert weißer Schnee. Von Dachrinnen hängen kleine Eiszapfen herab. Schnee hängt fotogen im
Maschendrahtzaun des Tennisplatzes. Ich sollte wohl
lieber mehr laufen, ständig stehe ich und schaue

durch den Sucher. Das ist nicht gut für meine Füße, am rechten werden die Zehen unangenehm kalt.

Ein Elternpaar hat seine drei Kinder in rote Anoraks verpackt. Tief über die Stirn gezogene Strickmützen lassen gerade noch die Augen und die Nase frei. Sie sitzen lachend auf Plastikuntersätzen, Papa zieht an zwei Seilen, Mama filmt alle vier mit der Videokamera. Sie werfen mit Schnee, haben einen Riesenspaß, der ansteckt.

Ich knipse mit immer kälter werdenden Fingern mehrere Frauchen, Herrchen und Hunde. Der Spielplatz ist leer, unberührt liegen die Spielgeräte da, als ob sie unter einer Decke schlafen würden.

Die weißen Bänke, Schaukeln, Lokomotiven und Büsche erinnern mich an eine Hochzeitsgesellschaft, die still und geduldig auf das baldige Fest und die tobenden Kinder wartet. Ich habe fast ein schlechtes Gewissen, weil ich diese Unberührtheit mit meinen Fußspuren zerstöre.

Aber ich fotografiere immer weiter, alles sieht so seltsam fremd in dieser Verpackung aus. Auch am runden Tisch in der Mitte des kleinen Karussells hängen winzige dünne Eiszapfen, in denen sich das Licht eigenartig bricht. Das tief durchhängende Seil der Tarzanbahn sieht besonders verlassen aus. Tauben sitzen still im Baum darüber. Eine Krähe hackt mit dem Schnabel im Gras herum, hat etwas gefunden, nimmt es in den Schnabel und fliegt eilig davon.

Auch mein linker Fuß ist nun kalt und die Finger fühlen sich so an, als würden sie bald einfrieren. Der Kamera ist es egal. An einem Unterstand versuche ich die Filzstiftmalereien zu entziffern: „Selim, ich habe dich lieb", kann ich lesen und ganz oben am Querbrett: „I LOVE MY MAMA."

Zwei gut verpackte Frauen stapfen durch den Schnee. Ein Paar kommt ihnen entgegen, das eigentlich Hand in Hand gehen könnte, aber sie tun es nicht. Ganz im Gegenteil, sie laufen in so großem Abstand, dass die Frauen zwischen ihnen hindurchgehen. Sieht nach langjähriger Ehe aus.

Vor der Autobahnbrücke wird es mir dann endgültig zu kalt. Ich sehe auf die Uhr, fast eine Stunde bin ich schon unterwegs. Fotos hin oder her: Ich sehne mich jetzt nach einem gemütlichen Frühstück mit heiß aus der Tasse dampfenden Kaffee.

Im eigenen Vorgarten steht noch ein letztes Fotomodell. Auf der Zipfelmütze des kleinen hölzernen Schneemanns neben der Treppe liegt heute nicht nur aufgemalter, sondern echter Schnee. Das an einer dünnen Halskette hängende Schild behauptet: „Ich liebe Schnee." Ich glaube es ihm sofort.

Dann öffne ich erwartungsvoll die Haustüre. Und – es riecht tatsächlich nach Kaffee.

21. Januar 2014

3 In die Stadt zum Metzger

Es wird Frühling, die Wege rund um Hochheim sind zwar frei von Eis und Schnee, aber ich getraue mich heute nicht auf meine große Radrunde, das Wetter ist mir nicht sicher genug. Ich will lieber noch in der Stadt bleiben, damit ich mich notfalls vor dem Ertrinken retten und unterstellen kann.

Ein Ziel hab ich im Kopf, den Metzger. Bei ihm könnte ich den Kühlschrank ein wenig auffüllen. Auf dem Weg zur Garage sehe ich über Wiesbaden dunkle Wolken, die nicht dicht sind. Schräg an den Wolken hängende dunkle Vorhänge verraten es. Von Süden, von Rüsselsheim her, donnert es sogar, tiefschwarz brodelt es da drüben.

Ich vertraue dennoch auf das milde Klima Hochheims, wenigstens vorläufig. Üblicherweise fällt bei uns nur mäßiger Regen, wenn Radio und Fernsehen melden, dass in Rheinland-Pfalz umgestürzte Bäume auf Oberleitungen fallen oder in Wiesbaden das Kurhaus unter Wasser steht. Wie schon gesagt: Hochheim hat tatsächlich ein besonderes Klima. Das wissen die Winzer zu schätzen, die Weinkenner ebenfalls, das war schon den weinseligen Römern bekannt und ich hab es auch schon mitbekommen.

Außerdem ist meine schwarze Jacke einigermaßen regendicht und die Mütze müsste mich vor dem Schlimmsten, nämlich einem nassen Kopf, bewahren. Mutig fahre ich an den Vorgärten der Danziger Allee vorbei zum Weststadtzentrum. Ein ganzes Rudel Bären bewacht den Hintereingang. Sie schauen mich mit ihren Knopfaugen aus den Fenstern der Bärenapotheke an. Wenig furchterregend, eher freundlich und friedlich.

Nicht selten arbeiten Apotheker und Ärzte im selben Haus. Ich schaue in den Hauseingang neben der Apotheke, um zu zählen. Zwölf Ärzte kommen in diesem Haus auf eine Apotheke. In zwei Wartezimmern saß ich schon, meine Sehnsucht nach den anderen zehn hält sich in Grenzen.

Mit der bunten Ladenmischung unter dem Glasdach habe ich wenig zu tun, dafür kenne ich den Optiker besser. Vier Brillen (Universal-, Lese-, Fernseh- und Computerbrille) helfen mir, Hochheim drinnen und draußen scharf und deutlich zu betrachten.

Bei Rewe gehen die Kunden gemütlich ein und aus, nebenan holen sich Leute Geld aus den beiden Automaten und ich überlege, auf welchen Namen der Kreisverkehr getauft wurde. Ich erinnere mich noch an die alte Ampel, jetzt ist die Mitte der Kreuzung mit Geranien und Weinstöcken gefüllt. Ich grüble, aber der von den Bürgern demokratisch gewählte Name will mir einfach nicht einfallen.

Vor der Eisdiele stehen die Stühle auf der Terrasse übereinander gestapelt, drinnen warten die Pächter auf Kundschaft. Auch ich fahre vorbei, 15 Grad sind einfach kein Wetter für Stracciatella oder Zitroneneis.

Links breitet sich die Shell-Tankstelle aus. Sie bietet neben Zeitungen, Magazinen, Bargeld von den Cash-Group-Banken, Süßigkeiten, heißem Automatenkaffee, Eiscreme, Bier und Limo draußen an den Zapfsäulen sogar Benzin an. Daneben in der Werkstatt ließ ich früher, bevor ich auf Ganzjahresreifen umstieg, zweimal jährlich meine Reifen wechseln. Shell ist in Hochheim der Preisführer, immer ein oder zwei Cent teurer als die beiden Freien in der Frankfurter Straße. Obwohl vermutlich alle drei den Sprit aus denselben Tanks beziehen. Der Name machts.

Hinter den Bäumen lugt die Antoniuskapelle hervor. Ich kenne sie von vielen Konzerten. Geduldig ertrug sie bereits viele Schülerkonzerte, aber auch Meister gaben hier schon ihr Bestes. Sänger mit klarer oder rauchig heiserer Stimme und aus Trompeten, Posaunen und Saxophonen bestehende Gebläse inszenierten laut und deutlich heißen Jazz neben dem Altar.

Um die Kapelle herum wohnen und lernen Behinderte und Nichtbehinderte. Hin und wieder besucht ein Bischof das Heim. Auch der von Journalisten gnadenlos in den Medien zerlegte und vom Papst in Klausur geschickte großzügig waltende Bauherr Tebartz van Elst las hier einmal eine Messe.

Im Glashaus, das den alten Wasserturm umschließt, stellen Bewohner des Antoniushauses ihre Werke aus. Meist sind es unter der Anleitung eines Künstlers abstrakt gemalte Bilder. Sie sind groß, bunt und sie gefallen mir. Wenn ich unsere Wände nicht schon mit Eigenproduktionen belegt, beziehungsweise behängt hätte, könnte ich mir durchaus vorstellen, eines zu erwerben.

Aus der breiten Einfahrt des Antoniushauses prescht gerade ein junger Rollstuhlfahrer, ich kann ihm in der Burgeffstraße kaum folgen, obwohl er seine Räder fast nur mit dem rechten Arm antreibt. In der linken Hand hält er eine Zigarette. An der Kauthstraße verliere ich ihn aus den Augen.

Am Rathaus bleibe ich stehen und schaue mir den Aushang vor den Eingangsstufen an. Das Beratungsbüro ‚Älter werden' informiert über Veranstaltungen und Hilfsangebote. Daneben hängen drei Traueranzeigen, ich denke über die Geburtsjahre nach: 1929 und 1939 weisen auf ein erfülltes Leben hin. 1965 lässt einen Schicksalsschlag vermuten, die Frau verließ Hochheim zu früh. Vielleicht wurde sie sogar noch hier in diesem Haus geboren. Bis 1968 war dieses Gebäude das Hochheimer Krankenhaus.

In der Kurve um den Le Pontet Platz, der zu Ehren der Partnerstadt angelegt worden war, fallen mir dunkle Gummispuren auf der Straße auf. Die Kurve nach rechts zu Rotkäppchen-Mumm ist für LKWs wohl reichlich eng und der Wein in den Tankwagen wiegt etliche Tonnen. Da radiert der Reifen auf dem Asphalt und lässt Gummi liegen.
Auf der rechten Straßenseite sehe ich die Bar mit einem eher untypisch geräumigen Eingang und dem

sehr langen Hinterhaus. Ich sah auf einer alten Post-karte, dass man in den 50er und 60er Jahren hier über die drei Stufen ins Kino ging. Das Portal war damals mit dem Schriftzug ‚10 Jahre Capitol' ge-schmückt worden.

Da ich in jenen Jahren selbst Filmvorführer werden wollte, kann ich mir gut vorstellen, wie es da drinnen zuging. Ich sehe in meinem Kopfkino, wie aus den beiden Fenstern über dem Eingang hin und wieder der Filmvorführer herausschaut, während sich drin-nen die Filmrollen im heißen Projektor drehen. Aus den Kontrolllautsprechern quäkt hinter ihm der Film-ton.

Damals füllten Filme wie ‚Der dritte Mann', ‚Sissi', ‚Das Gewand', Quo vadis?', ‚High Noon' und ‚Die Brü-cke am Kwai' die Kinos.

Heute kann man in diesen Räumen mittels sky we-nigstens noch Fußball gucken.

10. April 2014

4 Mitten durch den Ort

Die weitere Burgeffstraße dient vor allem der Ge-
sundheit und dem Wohlbefinden der Hochheimer. Zu
beiden Seiten praktizieren Ärzte, die obligatorischen
Apotheken sind nicht weit entfernt. Im Umkreis von
500 Metern fallen mir schon mal drei ein.

In der Nähe eines HNO-Arztes findet man nicht selten
auch einen Hörgeräteakustiker. Sogar zwei ließen sich
hier nieder, einer gegenüber auf der rechten Seite.
Das Geschäft hat den beeindruckenden Namen ‚Hör-
werk Acusticum'. Die Konkurrenz ‚Hörgeräte Fachbe-
ratung Becker' ließ sich gleich um die Ecke nieder.

Liegt das schlechte Hören eigentlich immer am Alter?
Meist schon, aber nicht immer. Dieses lästige „Wie
bitte?" oder „Kannst du das mal lauter sagen?" wer-
den wir in Zukunft noch öfter zu hören bekommen.
Die Diskotheken und die dicht abschließenden Ohr-
hörer der Smartphones arbeiten erfolgreich daran.
Ich glaube, die Hörgeräteakustiker müssen sich keine
Sorgen um ihre Zukunft machen.

Vor ein paar Jahren saß ich auch schon mal in der
Untersuchungskabine und ließ mein Gehör testen.
Das Ergebnis war enttäuschend, jedenfalls für den
Unternehmer: Hörvermögen = 100 Prozent.

Meine Frau behauptet trotzdem, dass ich nicht gut höre. Aber das muss nicht immer an den Ohren liegen.

Die große bronzene Schnecke mit den lustigen Fühlern an der Ecke zur Weiherstraße ist kaum zu sehen. Sie wird tagsüber von den vielen ausgestellten Pflanzen des Blumenladens überwuchert.

In biege nach rechts in die Weiherstraße ein. Hier kann man beobachten, dass Hochheim eine ausgesprochen lebendige Stadt ist. Ständig verändert sich das Aussehen der Straße. Es herrscht ein reges Kommen und Gehen. Nicht nur bei den Menschen auf dem Bürgersteig, auch bei den Geschäften. Mein Chef sagte früher schon immer, dass das einzig Beständige der Wechsel sei. Hier muss ich ihm Recht geben. Vor ein paar Jahren noch sahen fast alle Schaufenster anders aus. Gut, dass es immer noch Leute gibt, die Träume haben und sich etwas getrauen. Jenseits von schnöden Marktanalysen und ängstlicher Bedarfsermittlung.

Die Drogerie und die Apotheke gab es noch nicht, weil das ganze Haus noch nicht gebaut war. Die jetzt mit Papier zugeklebten Fenster der Schleckerfiliale sehen besonders traurig aus. Wo bleibt ein risikofreudiger Nachmieter?

Die Buchhandlung Eulenspiegel, sie ist zu einer Art Kulturzentrum der Stadt geworden, zog weiter in größere Räume. Alles ist im Wandel, was tummelt, beziehungsweise tummelte sich nicht schon alles auf den paar Metern Weiherstraße: Nagelstudio, Boutique, Lampengeschäft, belgische Schokolade, Hochheimer Zeitung, Pizzeria, Mainzer Volksbank, Bauelemente, Musikschule, Naturkost Jean Wenz, Buch & Design, Augenoptiker, ein Psychologe, die Deutsche Angestellten Krankenkasse, der Fernseh- und Elektroladen, dann noch der bereits genannte Hörgeräteakustiker und - für mich das wichtigste - das Café Brothaus.

Vor der Volksbank bleibt eine Frau stehen, ihr Hund pinkelt an den mageren Baum, sie versucht ihr Smartphone auch noch mit der zweiten Hand zu bedienen, ihre Kontoauszüge machen sich selbständig und fliegen quer über die Straße. Ein Porsche fährt beinahe drüber, der Fahrer bleibt stehen, kurbelt die Scheibe herunter und macht die Dame erst einmal auf ihren Verlust aufmerksam.

Tja, die Smartphones …
Die BenutzerInnen bekommen bestimmt mit der Zeit einen Buckel, weil sie sich nicht die Umgebung, sondern ständig ihre allerneuesten Infos mit nach unten geneigtem Kopf anschauen müssen. Selbst vor den interessantesten Schaufenstern oder beim Überqueren der Straße bleibt mindestens ein Auge auf dem Display. Zwar hab ich auch ein solches Teil dabei. Aber ich bin altmodisch und telefoniere nur damit.

Drüben in der Frankfurter Straße wechseln die Geschäfte nicht ganz so häufig. Dafür wird eine echte

Kuriosität geboten. Die Postfiliale zog ein, zog wieder aus und ist nun doch wieder in den gleichen Räumen zu finden.

In der Metzgerei ist meist der Laden voll, heute warten ausnahmsweise drei Verkäuferinnen auf Kunden, in diesem Fall auf mich. So mag ich das. Ich darf mir die Dame aussuchen, die mich bedienen darf und entscheide mich für die größte. Oder ist es die freundlichste? Meine Frauen zuhause lieben den Fleischsalat aus diesem Laden ganz besonders. Seit Jahren taucht er immer mal wieder auf unserem Abendbrottisch auf. Ich nehme heute die kleine Portion. Auf dem Deckel des Bechers steht die korrekte Bezeichnung ‚Fleischwurstsalat'.

Da meine Frau meist woanders Biofleischwaren einkauft, kann ich mich hier ganz auf meine eigenen Wünsche konzentrieren. Ich kaufe aber lediglich noch einen Zentimeter Leberrolle und eine Handbreit Krakauer. Die nette Dame empfiehlt mir noch die ungeräucherte Fleischwurst, packt mir ein ordentliches Stück mit ein: „Probieren Sie mal, die ist richtig lecker."

Ich würde ja schon gerne probieren, aber die Wurst ist erst einmal eingepackt. Warum nicht ins Café setzen? Gleich nebenan, im „Bäckerladen Alte Malzfabrik" begrüßt mich hinter der Ladentheke Luise. Sie kennt mich als alten Stammkunden und lässt schon mal eine Tasse Kaffee einlaufen. Dann sitze ich gemütlich bei leiser Musik im Korbsessel, nasche an der ungeräucherten Wurst, packe sie wieder ein und schaue den Leuten draußen auf der Straße zu, wie sie hin und her laufen. So lässt es sich aushalten.

Der Innenarchitekt hatte Geschmack und Ideen. Er verwendete alte Geräte und Röhren der damals gerade abgerissenen Malzfabrik, ließ sie weiß streichen und gestaltete damit den Innenraum. Auf den Rohren an der Decke sitzen noch immer die kleinen Mäuse, die vor Jahren unsere Tochter suchte und zählte.

Ich lese noch ein wenig in meinem Buch, unterhalte mich mit Luise, dann mit dem Ehepaar am Nachbartisch und beende irgendwann meinen Cafébesuch. Im Gehen frage ich Luise, wie lange es das Café schon gibt: 16 Jahre. Sie war von Anfang an dabei. Ich auch.

Zur große Radrunde habe ich momentan keine Lust mehr, fahre lieber zurück in Richtung Heimat. Der Änderungsschneider grüßt und winkt, der Obsthändler auch. In der Döneria kennt man mich nicht.

Ich muss grinsen, weil mir die Bank wieder automatisch die Türe zum Geldautomaten öffnet, obwohl ich nur vorüberfahre. Der Sensor ist wohl weitsichtig. Oder will er mir lediglich etwas Gutes tun und mir zu mehr Bargeld verhelfen?

10. April 2014

5 Krixi-Kraxi

Wieviel Porto muss man auf einen Brief in die USA kleben? Ich könnte ihn auf der Küchenwaage wiegen und dann im Postprospekt nachschauen. Da ich aber sowieso mit dem Rad in die Stadt fahren will, kann ich ihn auch gleich in der Postfiliale frankieren lassen. Dann stimmt wenigstens alles.

Dort steht dann leider eine lange Schlange am linken Schalter. Am rechten lamentiert lediglich eine Frau lautstark und nervt sichtlich die Angestellte. Ich stelle mich links an, die Leute vor mir werden schon wissen, warum. Es geht dann auch richtig flott voran auf meiner Seite. Ich komme im Minutentakt immer einen Schritt näher an die Theke. Selbstverständlich mit entsprechendem Diskretionsabstand.

Leider ändert sich das Abfertigungstempo schlagartig, als der komplett schwarz gekleidete hünenhafte Mann vor mir seine Aktentasche auf den Tisch legt und ein Dokument nach dem anderen herauszieht. Mir wird schnell klar, da ist Arbeit zu verrichten. Ich warte.

Obwohl ich gar nicht wissen will, was am rechten Schalter abgeht, bekomme ich es mit. Die Frau, der deutschen Sprache nur begrenzt mächtig, wedelt mit einem 20-Euro-Schein durch die Luft und versucht der Angestellten vor ihr den dramatischen Sachverhalt laut zu verklickern.

Weil es dabei dann doch noch interessant wurde, versuche ich das Gespräch hier zu rekonstruieren, etwas gekürzt allerdings:

„Wissen, ich brauche hundert Prozent."

„Ja."

„Sie verstehen?"

„Ja, ich denke schon."

„Ich schon zwei Mal hab Geld geschickt und schon zwei Mal Krixi-Kraxi Geld weg."

„Hm."

„Jetzt ich brauche hundert Prozent."

„Wir können den Brief versichern lassen."

„Aber muss sein hundert Prozent."

Die Frau wedelt noch immer mit dem 20-Euro-Schein durch die Luft der Postfiliale. Auf dem Tisch liegen andere Scheine, braun, meine ich. Welche Farbe haben eigentlich 50- oder 500-Euro-Scheine? Sie zeigt aber auf den 20er oben in der Luft: „Wenn Sie machen gut, wenn hundert Prozent, dann das für Sie!"

„Nein, auf keinen Fall. Wir versichern den Brief, dann klappt das schon."

Das Gespräch kreist, die Angestellte klappert auf der Tastatur, schaut unsicher auf das Display, dann zu ihrer Kollegin hin, bekommt Unterstützung. Der Hüne vor mir muss nun auch warten. Wie wir anderen auch, die immerhin noch nicht im Freien stehen müssen. Irgendwann packt der große Mann seine Papiere wieder ein, geht und ich lege meinen Brief auf die Waage. „75 Cent", sagt die Dame, drückt noch ein paar hübsche Aufkleber auf den Umschlag. Ich kann gerade noch etwas von „Priority" oder so lesen, bevor er in der gelben Plastikschale hinter ihr landet.

Da ich die paar Cent passend habe, bin ich schon auf dem Weg nach draußen, während die Frau immer noch lautstark, sozusagen unter Zeugen, ihren 20-Euro-Schein loswerden will. Ob sie ihn wieder mit nach Hause nehmen musste? Ich hab es nicht mehr mitbekommen.

Auf dem Rad überlege ich dann, ob es vielleicht in ihrem Heimatland üblich ist, ein wenig Trinkgeld zu geben, damit es „hundert Prozent" läuft.

Ohne Krixi-Kraxi.

12. August 2014

6 Mode, Essen, Luft und Parken

Vor den Schaufenstern des Modehauses Fanni Schücker stehen grundsätzlich nur Frauen. Würde auch sehr seltsam wirken, wenn sich ein Mann für Damenkleider und Blusen begeistern würde. Die Chefin verabschiedet gerade eine Kundin in der Ladentüre und erkennt mich. Wir unterhalten uns kurz und zum Schluss lasse ich mich noch über die korrekten Namensverhältnisse aufklären. Sie lacht: „Die Leute nennen mich manchmal sogar Frau Schücker, weil das oben am Haus steht. Ein paar sagen noch meinen früheren Namen Herzig, weil sie sich noch nicht an meinen neuen Namen gewöhnen können. Dabei heiße ich seit meiner zweiten Heirat längst Hilbig. Aber das macht nichts. Ich höre auf alles."

Ich drehe langsam eine Fahrradrunde um den Platz vor dem Altenheim, schaue durch die großen Fenster den in blau und gelb gekleideten Mitarbeitern der Nassauischen Sparkasse bei der Arbeit zu. In einem dieser Büros wurde ich auch schon einmal beraten. Allerdings kam dabei heraus, dass ich mein Geld bereits sinnvoll genug angelegt hätte.

Ein Paar kommt aus dem gläsernen Zugang zum Parkhaus heraus. Ich parke hier unten gerne, aber selten, weil ich meist, so wie jetzt auch, mit dem Rad unterwegs bin. Das darf man überall kostenlos abstellen. Dieses Parkhaus, momentan befindet es sich unter meinen Füßen, beziehungsweise Rädern, ist das Beste, das ich kenne. Es ist hell, geräumig, sauber und ausgesprochen preiswert. So gut und günstig habe ich bisher nirgendwo geparkt.

Egal, wohin ich jetzt schaue, ich werde von allen Seiten zum Essen eingeladen. Obwohl ich gar nicht sonderlich oft dort esse, ist mein Lieblingsrestaurant der Grieche. Da bestelle ich nicht nur den Auberginenauflauf Moussaka, sondern auch Schnitzel Wiener Art mit Pommes. Vermutlich gehe ich so gerne zum Griechen, weil ich mich in den 60er Jahren in Griechenland verknallt habe, beziehungsweise in eine hübsche Griechin. Seliger Zeiten gedenk ich …

Den Lotusgarten führt ein chinesisches Ehepaar. Die Speisekarte wechselt kaum, aber das macht nichts. Ich bestelle dort sowieso meist nur die Knusperente und ein Pils dazu. Der Familienbetrieb ist sehr beliebt und immer gut besucht. Das liegt auch an den zivilen Preisen. Als mich das Wirtsehepaar Au noch nicht kannte, besuchte ich mit meinen Kollegen vom Film- und Videoclub nach einem Rundgang durch Hochheim das Lokal. Wir saßen an einem langen Tisch unter den Kastanienbäumen, als einziger Hochheimer in der Gruppe erzählte ich noch ein wenig über die Geschichte der Stadt.

Weil jeder Kollege seine Kamera dabei hatte und hinterher einen Film vom Stadtrundgang zusammenschneiden sollte, richteten alle acht Kollegen die Kameras auf mich, um die kompetenten Worte des Einheimischen festzuhalten. Als die chinesischen Bedienungen diese Situation sahen, glaubten sie, hier säße ein ganz besonders berühmter Prominenter, dessen Kommentare unbedingt der Nachwelt erhalten und in alle Welt verbreitet werden müssten. Von da an wurde ich immer mit Handschlag und einem etwas tieferen Diener als sonst begrüßt und verabschiedet. Mittlerweile hat sich das allerdings wieder normalisiert.

Beim Spanier La Tapa, ich muss es gestehen, war ich noch nicht. Was isst man eigentlich typischerweise beim Spanier? Keine Ahnung. Der Wirt möge mir mein Unwissen verzeihen. Da war ich doch mal in einem Rebenkeller. Reben wachsen im Keller? Das alles im Hotel zur Rebe. Man muss nicht alles verstehen.

7 Berliner Platz

Der Berliner Platz ist etwas Besonderes. Immer wieder beeindruckt er mich, aber ich habe noch nicht herausgefunden, warum.

Ist es das ehemalige Kino, das zum HL, zum Schlecker, zum Leerstand und jetzt wenigstens einer Wiesbadener Künstlergruppe als Ausstellungsraum dient?
Oder sind es die beiden rostigen Eisenschienen, die von einem hässlichen Betonklotz aus in den Himmel ragen und womöglich dem Platz den bedeutungsschwangeren Namen gaben? Sind es die Busfahrer, die gelangweilt hier ihre Pausen verbringen müssen? Oder die nette Eisverkäuferin, bei der ich seit Jahren gern bestelle?

Es könnten auch die abstrakt-künstlerisch angeordneten Schlaglöcher sein. Keine Asphaltvertiefung gleicht der anderen. Auch der rot gepflasterte Bürgersteig, beziehungsweise Radweg, der quer über die Straße verläuft, bevor er im Nichts eines Bordsteines mit sorgfältig gemähtem Gras dahinter endet, könnte mich irritieren.

Oder symbolisiert hier etwas Leben und Tod, Lust und Vergänglichkeit? Ich denke dabei an die Namen der benachbarten Straße und des Thaimassagesalons: „In der Bein" und „Pornsiri."

Etwas nüchterner betrachtet, ist hier wohl lediglich ein Geschäftsviertel entstanden. Mobilfunkhändler bieten Kommunikation bis zum Abwinken an: Base, O2, E-Plus, Vodafone und auch ein wenig Telekom, wenn ich die Logos alle richtig deute.

Der Techniker im Fernsehladen half mir schon einmal entscheidend bei der Rettung meines Festplatteninhaltes.

In Fernandos Café sehe ich tatsächlich manchmal Gäste frühstücken. Drüben auf der anderen Straßenseite werden Brillen angepasst, daneben gibt es Vorhänge und Matratzen mit Tiefschlafgarantie. Wie kann ich mir das bildlich vorstellen?

Vor Fahrrad Neumann hängt ein mit Druckluft gefüllter Schlauch im Baum, hier fülle ich abwechselnd mein Vorder- und mein Hinterrad mit Luft aus der Frankfurter Straße. Voriges Jahr kaufte ich hier spontan mein Fahrrad, als mein altes Rad ebenfalls spontan ganz in der Nähe seinen Geist aufgab. Die Gangschaltung, ein 7-Gang-Getriebe, hatte sich nach rund 40.000 Kilometern endgültig verabschiedet. Die Chefin machte mir ein Sonderangebot und ich bin ihr bis heute dankbar für die ehrliche Beratung und den richtigen Tipp.

Über den Billigklamottenladen KIK gibt es nicht viel zu sagen, über Schreibwaren-Marschner, die Bauwerkssanierung, die Fußbäder und den Friseur auch nicht.

Interessanter ist das Schaufenster des Fotostudios ‚Reflekt Yourself'. Ein stark vergrößerter Dackel und ein fröhliches Schwein schauen mich durch die Scheibe an. Ein Brautpaar lächelt daneben. Nein, es strahlt regelrecht. Obwohl, genau betrachtet, strahlt nur die Braut. Der Gatte schaut ernst in die Kamera. Er wird wissen, warum. Denkt er an die Kosten? Aber die Hochzeit wird doch meist vom Brautvater übernommen. Was verdrießt ihn dann so? Ich werde es nie erfahren.

Rechts nebendran ließ sich ein Zentrum für Physiotherapie nieder. Ich lese im Eingang, welche Wohltaten auf die mit Mühsal und Krankheit beladenen Hochheimer warten: Krankengymnastik, Massage, Heißluft, Fango, Fußreflexzonenmassage, Sportphysiootherapie, KG am Gerät (was ist das?), Elektrotherapie und Kiefergelenksbehandlung. Ein Grafiker sorgte für Dynamik: Ein kraftvoll nach oben springender unbekleideter Mann ziert die gläserne Eingangstüre. Ich bin beeindruckt. Warum fahre ich da jedes Mal dran vorbei? Andererseits: Man kann nicht alles haben. Eine Kugel Eis, in die Waffel gedrückt von der netten Orchidea-Eisverkäuferin, wäre auch nicht zu verachten. Allein der Gedanke daran verführt mich.

Mit dem Eis in der Hand kann ich schlecht Rad fahren. Ich setze mich neben den Busfahrer auf die niedrige Mauer neben dem Altglascontainer, schaue mich immer wieder um und fange an zu philosophieren: Was wäre, wenn es alle heutigen Geschäfte am Berliner Platz nicht gäbe? Welcher ist unverzichtbar? Um ehrlich zu sein: Ich vermisse nur den ehemaligen Eisenwarenladen an der Ecke. Alle anderen Konsumgü ter besitze ich bereits oder ich brauche sie nicht wirklich. Die deutsche Wirtschaft läge wohl längst am Boden, wenn es nur solche kaufunfreudigen Leute wie mich gäbe.

Wie schon gesagt, was mich wirklich an der Hochheimer Geschäftswelt stört, ist, dass es in der ganzen Stadt zwar fünf Apotheken und sieben Bäckerläden gibt, aber keine einzige Schraube oder Mutter zu erwerben ist.

Hab ich was vergessen? Ach ja, auch der alte Friedhof fängt hier an. Aber über den mag ich jetzt nicht nachdenken. Alles zu seiner Zeit.

Das Eis ist alle und ich werde jetzt an der Friedhofsmauer entlang in die Weinbergstraße und dann hinaus in die Weinberge fahren.

10. April 2014

8 Stadtpfarrkirche

Wieder einmal fahre ich durch den Ort. Ich schmunzele am Plan, weil die Madonna, eine der Sehenswürdigkeiten der Stadt, die in keinem Prospekt fehlt, schon einmal verschwunden war. Soweit ich mich erinnere, war sie gestohlen worden und tauchte erst lange Zeit später wieder in einem Nachbarort auf. Unter Heu und Erde versteckt fand man sie. Seither schmückt sie die Altstadt wieder.

Auch ein ganzes Haus verschwand in dieser Straße schon und tauchte nie wieder auf. Manchmal schaue ich mir die andersfarbigen Pflastersteine am Kälberplatz nachdenklich an, mit denen die Ausmaße des alten Rathauses am Boden markiert wurden. Schade ist es um das markante Fachwerkhaus, auch wenn es morsch und renovierungsbedürftig war. Heute würde es bestimmt restauriert, saniert und reanimiert werden. In den 60er Jahren dachte man anders darüber.

Damals war Aufbruch angesagt, was auch mal zu einem Abbruch führen konnte. Modern wollte man sein und baute an das westliche Ende der Stadt zwei Hochhäuser, in Richtung Flörsheim nochmal drei. Im farblos grauen Waschbetonlook. Warum muss ich gerade jetzt an die erstaunlichen Fähigkeiten von Sprengmeistern denken?

Jetzt wartet da, wo bis 1964 das alte Rathaus gestanden hatte, ein leicht angerosteter Traktor. Mit einem Planwagen hintendran. Für Gäste, die zwar keine Lust zum Laufen haben, aber dennoch Wein im Weinberg trinken wollen.

In der Kirchstraße wird das alte Amtsgericht renoviert und in Wohnungen umgewandelt. Dabei wurde der massive Bau erst zum Schloss befördert, dann doch wieder zum Palais herabgestuft. Was da wohl hinter den Kulissen ablief?

Am geschlossenen Tor zur Zehntscheune spielt ein kleiner Junge mit allem, was erreichbar ist. Er rutscht immer wieder mit den Hosenboden am Eckstein rauf und runter, rüttelt an den Gitterstäben, benutzt seine Kapuze als Vorhang, den man hoch und runterziehen kann, bis man nichts mehr sieht. Dann flirtet er in meine Richtung. Die Mutter sieht es, schaut mich erst misstrauisch an, traut mir dann doch keine Kindsentführung zu und lächelt genauso freundlich wie ihr Kleiner.

Ich fahre über das holprige Kopfsteinpflaster unter den hohen Bäumen hindurch zur Kirche. Links steht das schmucke Fachwerkküsterhaus, sein Unterbau dient als Stadttor in Richtung Main. Unten am Ufer muss hier im Jahre 754 Bonifatius an Land getragen worden sein. Beziehungsweise das, was noch von ihm übrig geblieben war. Die verderblichen Teile seines Leichnams waren bestimmt schon vor der wochenlangen Reise von Friesland nach Fulda entfernt worden. Außerdem waren die Gebeine als Reliquien ausgesprochen begehrt. In seinem Grab in Fulda, das wegen Reparaturarbeiten geöffnet werden musste, lagen mehr Steine als Gebeine, las ich. Verständlich, wenn man bedenkt, wie wertvoll die Einzelteile eines Heiligen waren. Wie es auch sein mag, jedenfalls beginnt hier in Hochheim der Bonifatiusweg nach Fulda.

Ich erinnere mich daran, wie sich hier in dem kleinen Küsterhaus ein großer gemischter Chor kurz vor seinem Auftritt einsang. Zwangsläufig waren alle Fenster weit geöffnet und ich konnte ausgiebig zuhören.

Ich stelle mein Rad ab, gehe um den Kirchturm herum zum sogenannten Belvedere und schaue mir die weite Rheinebene an. Weinberge, die Bäume am Main, die Automobilfabrik drüben und der Odenwald, alles liegt so friedlich vor mir.

Fliegen müsste man können, unter, über und zwischen den Wolken, Arme ausbreiten und schon geht es los. Von rechts kommt tatsächlich ein Vogel geflogen. Doch das ist eine heulende und jaulende Aluminumröhre mit zwei schrecklichen Krachmachern an den Flügeln. So hab ich mir das nicht vorgestellt.

Ich bleibe lange stehen, dann reißt mich die Turmuhr aus meinen Gedanken und ich gehe hinein in die Pfarrkirche Sankt Peter und Paul.

Drinnen freue ich mich über den Prospekt ‚Alte Kirche neu gesehen' im Regal. Vor allem, weil schon das Titelbild mit dem breiten Stadtpanorama aus meiner Kamera stammt. Im steinernen Weihwasserkessel spiegelt sich ein Rest Weihwasser, ich sehe die beiden Weihekreuze neben dem alten Haupteingang und es riecht deutlich nach Weihrauch.

Ich höre den Ventilator für den Rauchabzug über den Kerzen vor der von unten beleuchteten Madonna. Sie blickt auf neunzehn brennende Lichter herab. Neben ihr erkenne ich schwere alte eiserne Angeln einer Türe, die längst zugemauert ist. Ich blättere gedankenverloren im Fürbitten- und Dankesbuch. Wie viele Schicksale, Wünsche, Sorgen verbergen sich hinter den kurzen Einträgen?

Ich gehe zwischen den Holzbänken in der Mitte hindurch, denke über die vielen Sünden nach, die in den vier Beichtstühle schon gestanden und hoffentlich vergeben wurden. Vorne stehen drei Altäre, hinten oben sehe ich die neue Orgel der Firma Oberlinger. Sie schweigt, der Orgelbaubetrieb leider auch. Er ging kurz nach Vollendung dieser Orgel in Konkurs.

Über allem schwebt als heller Himmel das von Johann Baptist Enderle 1775 gemalte spätbarocke Fresko. Millionen wurden für die Rettung und Restaurierung des bedeutenden Werkes ausgegeben. Es hat sich gelohnt.

Ich setze mich, sehe oben den Maler Enderle auf einem Schimmel sitzen. Dann schließe ich die Augen und warte in der Stille auf innere Einkehr und Besinnlichkeit. Das geschäftige Rhein-Main-Gebiet draußen dringt nur als gleichmäßiges Rauschen herein. Ich denke an meine eigene sehr katholische Kindheit. An

Pfarrer Fiedler in Forchheim erinnere ich mich und an seine Klagen über die ‚Luuust des Fleiiiisches'. Ich verstand damals nicht, was er damit meinte und glaubte, es könnte mit seinem enormen Leibesumfang zu tun haben.

Ich sehe noch immer das schreckliche Wandbild in der Martinskirche vor meinem geistigen Auge. Der nackte heilige Laurentius wurde von römischen Soldaten auf den glühenden Rost gedrückt. Kein geeigneter Anblick für einen Jungen mit neun Jahren.

Ich verlasse nachdenklich die Kirche und fahre durch die Hintergasse zurück.

Vom Kirchturm her werde ich noch mit einem zweimaligen Bimbambum verabschiedet.

10. April 2014

9 Netto brennt

Früh morgens, gleich nach dem Aufwachen, der SWR-Nachrichtensprecher hatte mir gerade einen guten Ostermontagmorgen gewünscht, erfahre ich, dass die Bewohner von Kastel und Mainz die Fenster lieber geschlossen halten sollen. Ein Supermarkt in Wiesbaden-Kastel brennt. Welcher wohl? An der Durchfahrtstraße stehen etliche.

Eine Brandstelle. Das könnte ein interessantes Ziel für meine heutige Radtour sein! Nach dem Frühstück setze ich mich aufs Rad und fahre am Käsbach entlang hinunter in Richtung Kastel. Ein Storch steht auf der Wiese, seinen spitzen Schnabel bedrohlich nach unten gerichtet.

Weit und breit ist keine Rauchwolke zu sehen. Die Feuerwehr muss den Brand entweder gründlich gelöscht haben oder es gibt einfach nichts mehr, was noch brennen könnte. Verhungertes Feuer mangels Nahrung, stelle ich mir spaßeshalber vor. Und das in einem Supermarkt.

In Kastel fahren wie sonst auch ein paar Autos über die Hochheimer Straße hinunter, andere hinauf. Keine Feuerwehr ist zu sehen, kein Brandgeruch weist mir den Weg. Endlich ein Fußgänger. Die Leine in der Hand und der daran ziehende Hund weisen ihn als feiertäglichen Gassigeher aus. Ich halte neben ihm, Herrchen sieht mich neugierig an, der Hund schnüffelt an meiner Hose.

„Entschuldigen Sie bitte, hier soll es irgendwo gebrannt haben. Wissen Sie, wo?"
„Ja. Meine Tochter hat mich angerufen, die hat mir
erzählt, dass sie seit vier Uhr nicht mehr geschlafen
hat. Ganz in ihrer Nähe hat der NETTO gebrannt."
„Der an der Kreuzung vor dem Bahnhof?" „Ja, der."

Endlich sehe ich das Malheur. Feuerwehrautos in
Überzahl, ein paar Krankenwagen, Polizeistreifenwa-
gen. Etliche Neugierige stehen verlegen herum. Das
übliche Publikum, wenn was passiert ist.

Einige diskutieren laut, manche schauen ängstlich
und befangen drein, andere schauen sich nur stumm
den entsetzlich zugerichteten Supermarkt an. An drei
Seiten nacktes Mauerwerk, vorne auf der Straßenseite Fensterrahmen ohne Glas, ohne Dach darüber. Der
gesamte Innenraum ist angefüllt mit kreuz und quer
liegenden verkohlten Dachbalken. Von den Regalen
ist nichts mehr zu sehen, die Waren haben sich bestimmt bei extremer Hitze in Rauch und Asche verwandelt.

Die Kaugummis fallen mir ein, die ich hin und wieder
bei NETTO kaufe. Ob die geschmolzen unter dem
schwarzen dampfenden Chaos liegen? Oder rück-
standslos verbrannt sind? Oder womöglich noch un-
versehrt im Schutt liegen? Weil sie das Feuerwehr-
wasser gekühlt und beschützt hat.

Ich stelle mein Rad neben einen blauen Streifenwagen, verzichte darauf, es abzuschließen. Wer klaut schon ein Rad unter den Augen der Polizei. Mit der Kamera in der Hand gehe ich an den rotweißen Flatterbändern mit der Aufschrift ‚Polizeiabsperrung' entlang um das Gebäude.

Die Gewalt des nächtlichen Feuers beeindruckt, macht mir Angst. Der Brandgeruch hält sich in Grenzen. Ich fotografiere von allen Seiten, mit und ohne herumstehende Feuerwehrleute. Eine dunkelhäutige Feuerwehrfrau schaut mir gelangweilt zu. Ich frage sie, wann es losgegangen sei: „So gegen vier Uhr wurden wir alarmiert."
„Keine gute Zeit, um Schläuche auszurollen."
„Das kann man wohl sagen."
„Wurde jemand verletzt?"
„Soweit ich weiß, nicht."

Auf dem Parkplatz rollen Feuerwehrmänner die Schläuche wieder zusammen. Ein Lkw lädt Gitter ab, Arbeiter bauen einen Bauzaun als Absperrung auf. Ein Mann im karierten Hemd mit einer Kamera auf der Schulter und einem Mikrofon in der Hand sucht nach Augenzeugen, die bereit sind zu erzählen.

Mein lautstärkster Gedanke ist: „Hoffentlich passiert uns so etwas niemals."

Wie kann man eine derartige Katastrophe vermeiden? Vor ein paar Wochen kaufte ich Rauchmelder und installierte sie im Treppenhaus und den Räumen, in denen geschlafen wird.

Wir hatten uns bereits fest vorgenommen, offenes Licht, also brennende Kerzen nie allein zu lassen. Unser trockener Adventskranz landete ziemlich bald und unrühmlich in der Biotonne. Was sollte im Fall eines Falles unbedingt gerettet werden? Die Dokumentenmappe fällt mir ein, und die externe Festplatte mit den Datensicherungen.

Ein Mann geht vorüber, er kommt mir sehr bekannt vor. Ich grüße laut: „Guten Morgen, Herr Doktor!"
Er läuft drei Schritte auf mich zu, streckt mir die Hand hin, so wie bei der Begrüßung in der Praxis. Aber diesmal fragt er nicht: „Was kann ich für Sie tun?" oder „Wo fehlt es denn?"

Er spricht noch ein paar freundliche Worte mit seinem jahrelangen Patienten und verliert eigenartigerweise kein Wort über die Ruine, sondern lobt das wunderschöne Frühlingswetter und beschreibt mir den Weg am Rhein entlang, den er gleich gehen wird.

Dann schreitet der große Mann durch die Schar der Neugierigen der Maaraue entgegen.

20. April 2014

10 Das Mittelalter lockt

Die Bahnschranke am Bahnhof Kastel ist offen, die rotweißen Rohre zeigen nach oben, jedoch nicht überzeugend. Zu oft durfte ich schon hier warten, bis endlich mal kein Zug mehr kam. Die leichte Neigung der Schranken nach innen wirkt auf mich wie eine betont lässig ausgesprochene Einschüchterung: „Sobald ich mich verneige, bleibst du stehen! Und zwar sofort."

Ich trete fester in die Pedale, fahre etwas zu schnell über die holprigen Schienen und halte direkt auf den Rhein zu. Er ist kein Hindernis für mich, aber nur, weil ich ihn gar nicht überqueren will. Obwohl drüben am Ufer vor dem Dom ein minimalistisches Volksfest Besucher anlocken will. Ich bleibe rechtsrheinisch in Hessen, fahre am Fachwerkhaus der Bastion von Schönborn vorbei und nähere mich einem größer angelegten Fest, offiziell als Spektakel beworben.

Unter die Spaziergänger hatten sich schon mehrfach mittelalterlich aussehende Menschen gemischt. Oder was man sich darunter vorstellt, also lange Haare bei den Männern und lange Kleider bei den Frauen. Daneben wirken die extrem kurzen Hot Pants und die nicht mehr ganz aktuellen tiefergelegten Hosenböden der zeitgenössischen Jugend besonders schräg. Die Mädchen zeigen die untere Hälfte der Pobacken, die Jungens die Oberseite. Passt doch.

Die abweisend wirkende Reduit ist hermetisch abgeriegelt. Der vor 180 Jahren von österreichischen Soldaten im Sumpfgebiet vor der Pontonbrücke auf 1.800 Eichenpfählen gebaute Steinklotz ist eingezäunt, teils sogar mit Tüchern als Sichtschutz verhangen. Über dem Eingang steht ‚Großes historisches Mittelalterspektakel'. Hinter dem Eingang wartet eine Frau mittleren Alters mit sehr langen schwarzgrauen Haaren und preist die zu erwartenden Vergnügungen lautstark an. Ich steige ab, stelle das Rad ins Gras und frage, welche Gegenleistung ich zu erbringen habe. „Acht Taler", sagt sie, ohne freundlicher zu werden.
„Wie ist der Wechselkurs?"
„Ein Taler für einen Euro."

Drinnen erkenne ich die bekannten auf alt getrimmten Buden. An offenen Feuerstellen wird gegrillt und gebraten. Und allerlei Tand, der mit den acht Talern leider nicht abgegolten ist, wird feilgeboten. Es ist nicht der erste Mittelaltermarkt hier in der Gegend. Vor ein paar Jahren liefen darin junge Leute, die so aussahen, als kämen sie von einer griechischen Bucht, in der gerade das Haschisch ausgegangen war. Mittlerweile ist das Mittelalterspektakel professionell organisiert.
Ich frage noch einmal: „Acht Euro einfach nur als Eintritt?"
„Nein. Acht Taler."

Die Frau wendet sich erfolgversprechenderen Spaziergängern zu. Eine größere Gruppe, vermutlich zwei Familien, stehen neugierig da, fragen das gleiche wie ich, rechnen und beraten. Für sieben Personen müssten sie 56 Euros bezahlen. Die Kinder wollen rein, die Eltern schütteln den Kopf, gehen weiter. Auch ich begnüge mich mit den Geräuschen und Gerüchen, die nach außen dringen.

Während ich das alte Restaurantschiff, den etwas verbeulten Dreimaster Pieter van Aemstel begutachte, zieht aus dem Mittelalter der Geruch von gebratenen Fleisch und Fisch zu mir herüber. Und ich höre „Ah und Oh". Dann Beifall. Im Mittelalter hieß das angeblich ‚Händeklappern'.

Auch die beiden Familien schauen sich skeptisch den mit grünem Teppichboden ausgelegten Bootssteg an. Dann studieren sie die Speisekarte und gehen weiter. So wie ich auch.

An der Mauer der Reduit hängt ein nicht mehr aktuelles Schild: ‚Stadt Kastel - Kreis Mainz - Amtsgericht Mainz'.
1945 wurde Kastel in Hessen eingemeindet und Wiesbaden zugeschlagen. Zwar verbreiten die Karnevalisten unverdrossen: Mainz bleibt Mainz. Aber vollständig ist es nachweislich nicht mehr.

Im glitzernden Rhein ist ein Ruderachter unterwegs. Auch ein rotes Faltboot. Weiße Schiffe liegen reglos vor dem Mainzer Panorama. Etliche der als Silhouette dienenden Gebäude laden zur Besichtigung ein: „Der immer irgendwo eingerüstete Dom, das viel zu moderne Rathaus, die Rheingoldhalle mit dem Hilton, die Brücke, die Rheinland-Pfalz mit Hessen verbindet, das Kurfürstliche Schloss, bestens bekannt von den Karnevalsfernsehsitzungen.

Direkt vor mir am aufgeschütteten Sandstrand warten Liegestühle, nur wenige sind besetzt, obwohl kein Eintritt verlangt wird und Kastanienbäume Schatten spenden. Palmwedel stehen in Terrakottatöpfen und versuchen (vergebens), mediterranes Flair zu erzeugen. Leise Barmusik aus Lautsprechern vermischt sich mit Trommelschlag und Flötengedudel. Mindestens einen Meter hoch ist das Schild mit den zehn Strandparagrafen und der abschließenden Bemerkung: ‚Den Anweisungen des Personals ist unbedingt Folge zu leisten'.

Drüben vor dem Dom dreht sich das Riesenrad. Scheinbar völlig geräuschlos.

20. April 2014

11 Zurück nach Hause

Ich möchte pünktlich zum Mittagessen zuhause sein und mache mich auf den Rückweg nach Hochheim. Hochheim liegt oben, so, wie es der Name vermuten lässt. Wir Hochheimer schauen deshalb meist nach unten, wenn wir uns die Weinberge, den Main, die Domspitzen in Mainz und vieles mehr betrachten. Das bedeutet gleichzeitig, dass es jetzt bergauf gehen wird.

Ich biege in den Mühlweg ein, der führt mich am ausgewogensten nach oben. Nicht wellenförmig rauf und wieder runter, immer schön gleichmäßig geht es am Käsbach entlang aufwärts. Wie der DAX in guten Zeiten an der Börse.

Rechts liegt eine elektrozaunbewehrte Pferdekoppel, jedoch ohne Pferde. Links fällt eine lange rechteckige Fläche mit erstaunlich wenig Unkraut im Vergleich zur wilden Wiese nebenan auf. Eine Gärtnerei stand einmal hier, mit einem großen Gewächshaus. Vermutlich baute man es, als die Ölpreise so richtig schön niedrig waren, anfangs der 70er Jahre. Als ich hier zum ersten Mal entlang fuhr, war das Gewächshaus bereits leer, von Jahr zu Jahr sah ich immer mehr zerbrochene Scheiben. Nun ist das ganze Glashaus weg und die Natur darf sich ausbreiten.

Links ein Weingut mit dem Hinweis auf die Kostheimer Weinkönigin 2001 Susanne I. Etliche Schrebergärten folgen, schließlich taucht nach dem Weingut

Donnermühle auch der Käsbach wieder aus dem Ge-
strüpp auf. Seine gemauerte Einfassung und ein Wehr
sind noch zu erkennen. Von hier wurde das Wasser
zum Mühlrad hingeleitet.

Die Donnermühle taucht sogar in der deutschen Geschichte auf. 1786, also kurz vor der Französischen
Revolution kaufte der Revolutionär Adam Lux das
Anwesen, veranlasste die Kostheimer zur Zustim-
mung zur Verbrüderung mit den Revolutionären,
pflanzte einen Freiheitsbaum, wurde aber von der
Brutalität der Sansculotten und der Jakobiner derart
enttäuscht, dass er sich einen ganz besonderen
Selbstmord ausdachte. Er provozierte seine ehemaligen Freunde so lange, bis sie ihn auf dem Schafott
hinrichteten. Sein geheimnisumwittertes Schicksal
wurde von Jean Paul, Goethe und Stefan Zweig litera-
risch bearbeitet. Wer hier im Weingut sein Glas aus-
trinkt, weiß üblicherweise wenig oder nichts von der
Vergangenheit dieser Mühle und seiner Besitzer.

Dem Käsbach ist das sowieso egal, er plätschert einfach so vor sich hin. Vor ein paar Jahren benutzte ich
ihn als Hauptdarsteller für meinen Videofilm „Drei
Minuten". An ihm entlang philosophierte ich, was in
drei Minuten alles geschehen kann.

Es geht jetzt deutlich bergauf, ich bin dankbar für den
Schatten, den die hohen Bäume werfen. Rechts stehen ein paar Wohnhäuser, das verwitterte Holzschild
‚Felsenkeller' weist auf eine andere frühere Nutzung
hin. Ich sehe garagentorgroße mit Metalltüren ver-

schlossene Eingänge in den Hang. Die rostigen Tore sehen so verkommen aus, dass ich hinter ihnen eine grausame Entführungsszene spielen ließ. In meinem Krimi ‚Fluglärm kann töten' kam in dem mir eigentlich unbekannten Keller die bedauernswerte Valerie beinahe zu Tode. Aber nur beinahe. Der Kommissar rettete sie in letzter Minute. So wie es sich gehört.

Im duftenden Abwassersammler strömt die bräunlich trübe Brühe aus einem Betonrohr in ein großes Loch. Die teils erheblichen früheren Wasserstände hinterließen Schmutzspuren an den Betonwänden und beweisen, dass der Behälter nicht immer groß genug war oder die Pumpen keine Lust hatten, um die Brühe zu bändigen. Immer mal wieder muss unser Abwasser in den armen Käsbach gelaufen sein. Der ist allerdings sowieso nicht als Trinkwasser zu empfehlen. Seine Quelle liegt in Wiesbaden-Erbenheim und ist derzeit nichts anderes als der Abfluss der Kläranlage des US-Flughafengeländes. Vielleicht konnte ich deshalb noch nie einen Fisch im Bach entdecken.

Kurz vor Hochheim steht der Storch immer noch an der gleichen Stelle auf der Wiese. Nach fast zwei Stunden. Er hat wohl keine Lust, die Partnerin im Nest beim Brüten abzulösen. Oder ist es umgekehrt? Die Störchin lässt sich hier das späte Frühstück schmecken und der werdende Storchenvater sitzt hungrig auf den Storcheneiern.
Wer weiß …

Es geht unter der Autobahnbrücke hindurch, ich lasse mit einem lauten „Hallo" das Echo gegen den Autobahnlärm von oben ankämpfen. Gleich nach der ewigen Baustelle eines Blockhauses aus dicken Baumstämmen beginnen die vorbildlich gepflegten Gärten unseres Wohngebietes.

Während ich schnaufend in die Danziger Allee einbiege, sieht mich meine Frau und winkt mir durchs Küchenfenster zu. Ich winke zurück und bin mir ziemlich sicher, dass ich schon bald nicht mehr hungrig sein werde.

20. April 2014

12 Zur Südstadt hinunter

Ein sonniger Frühlingstag kann dieser 1. Mai nicht mehr werden. Der Himmel ist vom einen bis zum andern Ende einfach nur grau. Aber die Luft ist trocken. In der Hoffnung, dass das so bleiben könnte, setzte ich mich auf mein Fahrrad. Unten am Main war ich schon eine ganze Weile nicht mehr. Das ist ein gutes Ziel, denke ich, da gibt es bestimmt irgendetwas zu sehen. Und wenn es nur ein paar schnatternde Enten sind.

Beim Domdechant Werner'schen Weingut fahre ich steil bergab in die Weinberge, sehe dann links über mir das bekannte Hochheim-Panorama, das mit Sankt Peter und Paul endet. Noch einmal geht es bergab in die Südstadt. An der Fußgängerunterführung steht ‚Radfahrer absteigen'. Ich bleibe stur im Sattel und fahre zwischen den mit Graffiti reichlich geschmückten Wänden hindurch. Es interessiert niemand, ob ich fahre oder laufe. Außer mir ist niemand unter den S-Bahn-Gleisen unterwegs.

Einfach mal so radle ich durch die Straßen der Südstadt. Reihenhaus neben Reihenhaus, nicht sehr imposant, die Gegend. Ich bleibe an der Kita Farbenzauber stehen und staune über den winzigen Spielplatz. Das Gebäude ist ebenfalls nicht nur klein, sondern auch niedrig und vor allem jetzt leer und leblos, so wie die ganze Umgebung. Dann sehe ich doch noch eine Frau, die mit unbeteiligter Miene in ihrem Garten mit einer Schere an ihren Pflanzen herumschneidet.

Noch vor ein paar Jahren roch es hier ganz ordentlich nach Menschen. Genauer gesagt, nach deren gärenden Exkrementen. Inzwischen ist die an das Wohngebiet grenzende Kläranlage aufwendig abgedichtet. Nach heftigen Protesten der Anwohner.

Ich will wissen, ob die Deckelung der Fäulnisgase jetzt funktioniert und fahre zum Eingangstor der Kläranlage. Auch hier herrscht Stille, kein Mensch ist zu sehen, aber auch kein Geruch ist zu erschnüffeln. Die Millionen wirken. Es stinkt tatsächlich nicht mehr.

1. Mai 2014

13 Am Main entlang

Auch am Segelclub und im Spielplatz ist niemand zu sehen. Sind alle Hochheimer noch im Bett oder schon auf einer Mai-Kundgebung der Gewerkschaft? Im Main schwimmen weder Enten noch Schwäne und die Fische bleiben mir sowieso verborgen. Erst ein Stück weiter, dort wo sich vor vielen Jahren Badegäste im Flussschwimmbad tummelten, bewegen sich links oben drei Menschen und ein Kinderwagen auf einem Weinbergweg. Dahinter wieder nichts als grauer Himmel. Das sieht fast wie ein modernes Kunstwerk aus, ist aber keines.

Der breite Main fließt träge in Richtung Rhein. Die Staustufe Kostheim hält seinen Pegel immer gleich hoch. Am selten überschwemmten Ufer stehen alte Pappeln, tote Zweige hängen herab, ein Baum ist umgekippt, das marode Holz wird der Natur überlassen. Links vom Uferweg gibt es nichts außer Weinstöcken zu sehen, wenn man von der S-Bahntrasse mit ihren Oberleitungen absieht. Das Gleisbett wird erst von einer dunklen alten und etwas weiter von einer hellen neuen Betonmauer vor dem Abrutschen bewahrt. Jahrelang mussten an dieser Stelle die Züge langsam fahren. Damit die Waggons nur ganz langsam umkippen, wenn der Hang deren Gewicht nicht mehr halten kann.

Der Uferweg ist laut Kennzeichnung ein Fernradweg. R3 heißt er und wurde mit 5 Sternen als ‚Premium

Route' ausgezeichnet. Warum wohl? An den krummen Betonplatten kann es jedenfalls nicht liegen.

Endlich bin ich nicht mehr allein auf dem R3. Eine Frau steht gelangweilt neben zwei Fahrrädern und trinkt aus einer Flasche. Sie ruft ins Gebüsch: „Willst du auch was trinken?"

Zwei Radfahrer kommen mir entgegen, offensichtlich Vater und Sohn. Vergnügt sehen sie aus, plaudern, lachen. An den Rädern hängen dicke Satteltaschen, die Umrisse des festgezurrten Gepäcks sehen wie Isomatten und Zelt aus. Was für ein tolles Abenteuer! Da würde ich nur zu gerne mitfahren und wie früher irgendwo Heringe in den Boden klopfen und ein Zelt daran festbinden.

Kurz darauf folgt ein ganzer Radfahrerverein. Farbige Regenjacken haben sie vorbeugend angezogen. Sie fahren stramm, stumm, ich zähle die schnell vorüberhuschenden Jacken. Achtzehn sind es und einer kommt noch hinterhergestrampelt.

Auch ein zu Fuß schlenderndes junges Paar kommt mir entgegen, lachend, mal eng zusammen, dann wieder an den beiden Rändern des betonierten Weges unterwegs. Ihr sehr lebendiger Hund wuselt zwischen den Rebstöcken umher, schnüffelt im Gras vermutlich nach den Spuren anderer Hunde. Der Mann pflückt eine der hunderttausend Pusteblumen ab und hält sie dem Hund vor die Schnauze. Doch der pustet nicht, sondern schnappt zu und schluckt ohne zu kauen. Frauchen springt entsetzt hinzu: „Nein! Pfui!" Sie kann aber nur noch ein kurzes Stück vom Stiel retten. Der Mann redet was von „ist doch kein Vegetarier" und pustet von der nächsten Löwenzahnblüte die weißen Schirmchen lieber selbst in den auffrischenden Wind.

Krähen kreisen um die Pappeln, streiten, schreien laut, aufdringlich, unangenehm. Auf dem Main verschwindet die Spiegelung der Bäume an den Stellen, über die der Wind streicht. Das schaue ich mir zwischen den Bäumen immer wieder an, dann habe ich genug vom Uferweg und möchte lieber durch die Weinberge fahren.

Ein hubbeliger Weg führt zu einer steilen Treppe, die wiederum endet in einem schmalen Fußgängertunnel, der die S-Bahn unterquert. Ich schiebe das Rad mühsam bis zum betonierten Weg hinauf. Erste Gedanken an ein gemütliches Café kommen auf. Es ist noch weit entfernt.

1. Mai 2014

14 Durch die Weinberge zurück

Verdorrtes Gras und Unkraut liegen rings um die Weinstöcke auf der Erde. Herbizide haben ihr Werk verrichtet und verursachten diese braunen Brandspuren. Das sieht nicht nach biologischem Weinbau aus. Seltsamerweise überlebten ein paar Blumen und stehen weiß blühend mitten im braunen Unrat.

Ich trete in die Pedale, nehme Anlauf, bevor es richtig steil wird. Das Rad hoppelt über gebrochene Betonplatten. Die Vorderradfederung macht sich bezahlt. Hier führt meine Frau manchmal einen befreundeten Hund aus. Einmal kam sie traurig nach Hause: Sie hatte ihr schickes Halstuch verloren. Am nächsten Morgen radelte ich die Strecke ab und fand es tatsächlich. Nette Menschen hatten es an einen Weinstock gehängt.

Es geht immer steiler bergan. Ich schnaufe, muss die Jacke öffnen, die Mütze liegt so lose wie möglich auf meinem Haupt. An Holzpflöcken werben eingeschweißte DIN A4-Blätter für Hoffeste in Straußwirtschaften. Manche Winzer haben Rosenstöcke ans Ende der Rebzeilen gepflanzt. Eine schöne alte Tradition, finde ich.

Ein paar Wanderschuhe stehen ordentlich, aber einsam am Wegesrand. Vom sandsteinernen Kruzifix hängen vertrocknete Blumen kopfüber herab. Ich schwitze, setze die Mütze ab und stecke sie in die Jackentasche.

In der Schutzhütte rechts sitzt mit nach vorne gebeugtem Kopf eine junge Frau. Allein. Allein? Nein, sie ist per Smartphone mit der ganzen Welt verbunden. Sie ist beschäftigt und nimmt mich gar nicht wahr. Rotweiße S-Bahnwagen fahren unten ziemlich leise in den Bahnhof Hochheim ein. Ich erreiche die ersten Häuser der Weinbergstraße. An geparkten Wohnwagen und einer mit Weinstöcken bemalten Mauer vorbei tauchen bei Marmor Weber in der Musterausstellung gegenüber dem alten Friedhof seltsame Grabmale auf. Ein Fischerehepaar wirft vom steinernen Boot aus ein steinernes Netz aus, Christophorus trägt mit nassen Füßen das Jesuskind, Buddha schaut ungerührt zu, ein Bär auch. Daneben noch ein Brunnen samt Frosch, aber auch etliche steinerne Bücher. Die obligatorische geknickte Rose fehlt.

Neben den rostigen verdrehten Schienen des Künstlers Rudolf Kaltenbach erschrecke ich, der Busfahrer lässt den Diesel anspringen. Ein Kirschbaum zeigt sozusagen als Vorschau auf den echten Frühling schon viele kleine grüne Kügelchen an den Zweigen. Lachende Frauen kommen aus der Haustüre des Altenpflegeheimes spaziert. Das Café ‚Der Bäckerladen‘ ist geschlossen. Kalter Wind bläst mir in der Frankfurter Straße von vorne ins Gesicht. Ich setze meine Mütze wieder auf und ziehe sie in die Stirn. Am Ende der Straße gleich um die Ecke sehe ich endlich das ‚Café Brothaus‘. Sieht gemütlich aus, ist es auch.

1. Mai 2014

15 Im Brothaus

Das Wetter weiß nicht so recht, was es will. Mal droht es mit Wasser von oben, dann scheint zwischendurch wieder die Sonne. Aprilwetter am 1. Mai.

Das Café ist gut besucht, aber nicht ganz voll. Am Sofa ganz hinten ist der große Sessel noch frei, ich grüße die beiden Damen und lege vorsichtshalber gleich meine Jacke, meine Tasche und meine Mütze auf dem Sessel ab. So wie es im Urlaub die meist deutschen Gäste mit ihren Handtüchern am Pool machen.

Die Verkäuferinnen arbeiten unter Hochdruck, bedienen so schnell und so freundlich wie möglich die ungeduldigen Kunden an der Theke. Eine Angestellte läuft durchs Café und sammelt Geschirr für den nächsten Spülmaschinengang ein. Der Vorrat an Tassen und Tellern scheint endlich zu sein.

Irgendwann trage auch ich mein Tablett mit der Tasse Kaffee und dem Frankfurter Kranz an ‚meinen' Tisch. Ich probiere den Kaffee, er ist noch zu heiß. Ich schneide mit der kleinen Gabel ein Stück von der Torte ab. Sie rutscht so eigenartig auf dem Teller hin und her. Die Creme scheint zu schmelzen. Ich sage laut: „Nanu?"
Die Damen neben mir bestätigen sofort: „Das hatten wir auch. Der Teller kommt frisch aus der Spülmaschine und ist noch warm."

Torte auf warmem Teller, das hatte ich auch noch nicht erlebt. Ich beschwere mich nicht, beweise dadurch meine Toleranz und Großzügigkeit und esse so schnell wie möglich: „Bevor sie ganz wegläuft."

An der Schmalseite des Tisches kann man seine Füße nicht ausstrecken. Wegen des Brettes davor. Leider bin ich es, der an dieser Schmalseite Platz genommen hat. Der Sessel ist zwar schwer, aber ich kann ihn schließlich doch nach links rücken und meinen Beinen ein gewisses Maß an Freiheit schenken.

Die Gäste ringsum sind gut aufgelegt. Sie plaudern, lachen, trinken, essen. Es ist gemütlich und warm hier. Durch die großen Scheiben kann ich den Spaziergängern draußen mit den Anoraks und Regenschirmen in der Hand zuschauen. Mein Tortenstück habe ich inzwischen auf sinnvolle Art beseitigt und ich kann mich wieder dem Studium der Leute widmen.

An der Kopfseite des nächsten Tisches sitzt Opa (ich nenne ihn einfach mal so) im Rollstuhl und freut sich über seine Torte und den Kaffee. Seine Frau sitzt daneben, hilft ihm ein wenig. Seine Tochter, ich bin nicht ganz sicher, es könnte auch seine Enkelin sein, schaut freundlich lächelnd zu. Ich gehe davon aus, dass sie die kleine Familie ins Café eingeladen hat. Ein schönes Bild.

Ein junges Paar kommt herein, sieht sich um, bestellt an der Theke. Der kleine Junge, vielleicht 5 Jahre alt, rennt sofort in die Spielecke unter der Treppe. Beim Essen und Trinken will er dann doch wieder dabei sein, setzt sich auf Papas Beine und zeigt großen Appetit. Die Mutter betrachtet die beiden mit dem Blick: „Gut so. Es muss nicht immer mein Schoß sein."

Auch oben auf der Galerie ist das Café gut besucht. Ständig geht jemand die Treppe hoch oder runter. Sieht seltsam aus, dieser Verkehr zwischen den Stockwerken. Der Grund ist schnell erzählt: Die Toiletten sind oben.

Auf großen schwarzen Tafeln macht das Café für allerlei Snacks und Hochheimer Wein Werbung. Auch für ein großes Frühstücksbüfett für 5,90 €. Ich würde es ja gerne mal ausprobieren, aber bis jetzt frühstücke ich immer mit meiner Frau am eigenen Frühstückstisch. Wenn meine ‚Mädels' mal wieder verreisen, zu den Schwiegereltern zum Beispiel, vielleicht denke ich dann dran.

Ein noch jüngeres Paar nimmt Platz, sie sitzen sich gegenüber und schauen sich öfter als notwendig und ziemlich verliebt in die Augen. Eigentlich wollte ich jetzt noch ein wenig in meinem Buch lesen, aber die beiden interessieren mich. Es ist immer wieder faszinierend, mit anzusehen, wie schön die Liebe sein kann. Sie bestellen sich Flammkuchen, einmal mit Speck-Zwiebel, einmal Hawaii. Sowohl er wie auch sie geben sich von ihrer besten Seite. Das muss eine noch recht frische Bekanntschaft sein. Verheiratete benehmen sich anders.

Von draußen höre ich Pferdegetrappel. Ein Planwagen fährt vorüber, hinten schauen fröhliche Leute heraus. Manche mit Weingläsern in der Hand. Ein schönes Bild, das sehr gut zu Hochheim passt.

Der Flammkuchen wird gebracht, die Frau nimmt ihren vorsichtig in die Hand, er scheint heiß zu sein, beißt hinein und – er zerbricht in mehrere Teile. Die bröckeligen Flammkuchenstücke fallen samt Speck und Zwiebel auf und neben den Teller. Sie wird verlegen, räumt hastig auf, glaubt wohl, sie hätte sich nun schrecklich blamiert.

Aber ihr Gegenüber lacht nur. Nicht schadenfroh, einfach nur nett. Warum kann sie nicht auch über ihr Missgeschick lachen? Ist es fehlende Selbstsicherheit? Oder, noch schlimmer, Humorlosigkeit?

Jetzt beißt er in seinen Flammkuchen ‚Hawaii'.

Es knackst zwar verdächtig zwischen seinen Zähnen, aber der Boden hält. Und da lacht er schon wieder. Der Mann gefällt mir.

1. Mai 2014

16 Opa ist da drin

Für eine Fotoserie über den sich über Hochheim wöl-
benden Himmel sehe ich mich auf dem alten Friedhof
um. Ich prüfe Grabfiguren, ob sie fotogen genug als
Vordergrund sind. Auch Bäume, Kreuze, Bronzeengel
und so weiter, jeweils mit möglichst imposanten
Wolken oben drüber.

Am unteren Ende des Friedhofs sehe ich ein offenes
Grab. Die nur wenig getarnte ausgehobene Erde auf
einem Kippwagen taugt als Vordergrund nicht, der
leere Blumenständer gibt auch nichts her. Aus der
Kapelle höre ich Gebete, Wortfetzen einer Rede, die
ich nicht verstehe, dann kommen die Trauergäste
heraus. Ich gehe an der Sandsteinmauer entlang zum
Tor zurück. Der Name des Verstorbenen am Aushang
sagt mir nichts. Ich fahre auf der langen Weinbergstraße weiter und aus Hochheim hinaus.

Später komme ich noch einmal am Friedhof vorbei,
weil ich bei Fahrrad Neumann an der Lufttankstelle
meinem Hinterreifen etwas aufpumpen will. Die
Trauergäste verlassen gerade den Friedhof, spazieren
alle in eine Richtung, vermutlich ins Café. Durch das
schmiedeeiserne Tor sehe ich, wie Arbeiter Kränze
und Blumen ordnen und dann zur Kapelle gehen.

Zwei Kinder, vielleicht 8 oder 10 Jahre alt, laufen am
Grab hin und her, so als würden sie Verstecken spielen. Ich stelle das Rad ab, nähere mich unauffällig von

der Seite und staune. Der eine springt gerade ins Loch, der andere steht schon auf dem Sarg.

Ungehörig finde ich das, warum passt hier keiner auf? Ganz schön pietätlos, aber das Wort kennen die Jungen vermutlich gar nicht. Ich will nicht den bösen Aufseher spielen und frage möglichst neutral: „Wisst ihr denn, wer da gerade beerdigt wird?"
Der eine zeigt nach unten und grinst: „Na klar. Das ist Opa."

Jetzt erkenne ich ihn, er wohnt nur zwei Straßen weit entfernt von uns. Und seinen Opa glaube ich auch zu kennen. Erst ging er immer mühsam die Straße entlang, dann mit einem Rollator und nun liegt er also hier in der Holzkiste unter den Füßen seiner Enkel.

Mit recht gemischten Gefühlen gehe ich weiter, denke an mein eigenes Lausbubenleben in diesen Alter und muss nun doch lächeln. Das hätte ich mir auch zugetraut. Damals, zusammen mit meinen Freund Franz, stellten wir so allerhand an, was auch nicht viel besser war. Eher schlimmer. Mir fällt auf Anhieb der Totenschädel ein, den ich während der Straßenbauarbeiten neben der Kirche geklaut und unter dem Bett meiner Mutter versteckt hatte. Ich tauschte ihn in der Schule heimlich gegen ein paar Rollschuhe ein. Wo er wohl verblieb?

Noch einmal schaue ich zurück und sehe, dass die beiden nun Schwierigkeiten haben, aus dem doch recht tiefen Loch wieder herauszuklettern. Aber schließlich schaffen sie es und rennen weiter zwischen den Grabsteinen umher.

Während ich vor dem Fahrradgeschäft mit dem langen Druckluftschlauch den Reifendruck erhöhe, muss ich immer noch grinsen, über die Kerle vorhin im Grab und meine eigenen Streiche vor viel zu vielen Jahren.

17 Finanzamt Hofheim

Voriges Jahr erlebte ich im sogenannten Servicecenter des Finanzamts Hofheim schreckliche Zustände. Die Steuerzahler stapelten sich. Sechs Beamte nahmen die Formulare und die Anhänge entgegen, arbeiteten fleißig, doch es nützte wenig. Der mit heißer Luft geschwängerte Warteraum wurde immer voller, draußen im Freien saßen die Leute auf den Umfassungsmauern der Gartenanlage. Nur wenige fanden Schatten. Ich hatte damals meinen Zettel am Nummernvergabeautomaten gezogen, konnte an der noch längst nicht fälligen ausgedruckten Nummer mein Schicksal abschätzen.

Erst ging ich spazieren, schaute mir nebenbei die neuesten Modelle im BMW-Glaspalast gegenüber an, dann setzte ich mich ins Auto und ließ mich von der Klimaanlage kühlen. Irgendwann war ich endlich dran. Denn alles hat einmal ein Ende, selbst die Warterei vor dem Finanzamt.

Dieses Jahr wollte ich den fälligen Besuch besser organisieren. Unsere Tochter hat nämlich einmal pro Woche in Hofheim Klavierunterricht. Mein mit sorgenvoller Miene ausgearbeiteter Plan sieht nun so aus: Erst schnurstracks zum Finanzamt fahren, Sonja springt aus dem Auto, zieht eine Nummer, kommt zurück, ich fahre sie zur Klavierlehrerin und habe dann eine Stunde lang Zeit zum Warten im Servicecenter.

Wir sind spät dran, der Verkehr läuft nicht gut, in Marxheim beschließen wir, direkt zur Klavierlehrerin zu fahren und den Nummernzettel einfach Nummernzettel sein zu lassen. Erst einmal. Unsere Tochter steigt superpünktlich vor dem Haus mit dem schwarzen Flügel in zweiten Stock aus, ich fahre sofort weiter.

Wo werde ich einen Parkplatz vor dem überfüllten Finanzamt finden? Wieder im Wohngebiet? Nein, direkt vor dem Eingang wartet ein völlig legaler Parkplatz auf mich. Eigenartig.

Ich grüße den immer freundlichen und fast alles wissenden Pförtner und ziehe am Automaten die Nummer 95. Ich sehe zur Leuchtanzeige hinauf, sie steht auf 94. Das Wartezimmer ist leer, der Gong ertönt, die roten Ziffern springen auf 95 - Platz 5. Ich bin bereits dran. Was ist denn hier los?

Der Mann ist nicht nur, wie es sein Beruf verlangt, verschwiegen, er ist auch schweigsam. Still und stumm nimmt er meine vom Steuererfassungsprogramm am PC ausgedruckten Formulare entgegen und macht gewissenhaft viele Häkchen auf die Formulare. Nach wenigen Minuten verabschiedet er mich mit einem dürren: „Auf Wiedersehen."
So kann es gehen.

Auch vor dem Haus der Klavierlehrerin finde ich sofort einen Parkplatz. Will mich das Schicksal heute einfach nicht so schikanieren, wie ich es erwartet habe? Obwohl ich mich seit Tagen innerlich darauf vorbereitet hatte? Plötzlich habe ich Zeit, fast eine Stunde lang. Mir fällt der Spruch ein: „Stelle dich tapfer der Realität. Sie könnte ja auch angenehm sein."

Ich schlendere durch die engen Gassen hinunter in die Altstadt. Vorbei an kleinen Boutiquen und einem Musikladen, der Saxophone repariert und verkauft. Auch das Café Altes Rathaus lasse ich links liegen. Die rote englische Telefonzelle quillt von Büchern über. Eine Dame versucht ein wenig Ordnung zu schaffen. Bildbände fallen zur Türe heraus. An der Eisdiele gönne ich mir eine Waffel Joghurt-Kirsch und spaziere über den Zebrastreifen hinweg bis zum Markt.

Es ist frühsommerlich warm, die kleinen Bars und Cafés sind gut besucht. Ich setze mich auf eine schattige Bank, schlecke mein Eis.

Im Café nebenan sitzen drei ältere Herren an einem quadratischen Tisch. Drei Gläser Wein stehen auf drei Bierdeckeln. Einer hat offensichtlich heiße Füße, hat die schwarzen Halbschuhe abgestreift. Einer raucht und bläst den Qualm senkrecht nach oben. Der dritte hat einen kräftigen Sonnenbrand, die Haut im Gesicht und auf den Unterarmen ist rot. Auf dem Kopf trägt er einen Strohhut, sieht dadurch ein wenig nach Operette aus und plaudert ohne Unterbrechung. Die Drei scheinen gute Freunde zu sein, denn die beiden anderen hören ihm aufmerksam zu.

Eine Frau setzt sich an den Rand des künstlich angelegten Bächleins, zieht ihre Schuhe aus und streckt die Füße ins Wasser. Nach ein paar Minuten geht sie barfuß zur nächsten Bank und zieht die Beine zum Schneidersitz empor, angelt ein Buch aus der Handtasche, hält es in der linken Hand und dreht sich mit der rechten Hand Schwänzchen ins Haar, die immer wieder auseinander fallen.

Zwei etwa 14-jährige Mädchen, heftig auf Erwachsen geschminkt, nehmen im Café Platz, bestellen Cola, reißen eine Packung Marlboro auf, stecken sich möglichst auffällig Zigaretten in den Mund, zünden sie an und paffen. Die Bedienung bringt einen Aschenbecher.

Eine junge Mutter rennt einem gut einjährigen Kind in Windeln hinterher, kurz vor dem Wasser erwischt sie es, packt es zwischen Beinen und unter der Brust und trägt das unzufrieden zappelnde Kind zurück.

Eine etwa Zweijährige in Pampers wird nicht gestoppt, klatscht mit den Händen aufs Wasser, freut sich riesig und lautstark. Papa ruft von weitem: „Mach dich nicht nass!"
Zwei größere Jungen schauen sich das cool an und grinsen.

Neben mir bleibt ein Mann mit einem etwa dreijährigen behinderten Mädchen im Rollstuhl stehen, setzt sich. Unter dem Kopftuch des Mädchens schauen Zöpfe mit roten Schleifchen hervor. Durch ihre ebenfalls rote Brille sieht sie sehnsüchtig zu den im Wasser planschenden Kindern hinüber.

Ich bekomme Lust, auch ein wenig mitzuspielen, stehe auf, hebe am Bach die Wasserschleuse an, lasse sie wieder fallen und beobachte fasziniert die Druckwelle, wie sie sich gegen die Fließrichtung vorwärts bewegt. Ein Spatz schaut mir kurz zu, fliegt dann hinauf zur Dachrinne des Cafés.

Mein Telefon klingelt: „Papa, ich bin am Auto, bist du noch im Finanzamt?"

14. Mai 2014

18 Die Bestsellerautorin

Nele Neuhaus kommt nach Hochheim! Und ich soll sie für die Zeitung interviewen. Ein Traumjob. Die Buchhandlung Eulenspiegel konnte die berühmte Autorin als Schirmherrin für das Lesefest gewinnen.

Am Samstag ist es endlich so weit. Mit einer ganzen DIN A4-Seite voll Fragen warte ich in der Kapelle des Antoniushauses auf sie. Ich bin aufgeregt und freue mich richtig auf die Begegnung mit ihr.

Während auf der Bühne noch Kulissen aufgestellt und das Klavier zurechtgeschoben wird, schaut, von niemandem beachtet, eine blonde Frau in hohen Stiefeln, Jeansjacke und blauem Schal zur Türe herein. Das muss sie sein!

Mein Idol, mein Vorbild, der große Weltstar sieht sich neugierig um. Ich gehe direkt auf sie zu und sie streckt mir einfach freundlich lächelnd die Hand hin. Ich stelle mich als Vertreter der Lokalzeitung vor und frage sofort: „Darf ich Sie um ein Interview bitten, später natürlich?"
„Gerne, klar, machen wir. Wo ist denn die Veranstalterin?"

Ich führe Nele Neuhaus zu Jutta Bummel, der Organisatorin des Lesefestes ‚Hochheim liest'. Damit ist mein Kontakt zur großen Welt der erfolgreichen Bücher erst einmal beendet. Sie wird nun von allen, die mit dem Fest zu tun haben, herzlich begrüßt, in Gespräche gezogen.

Etwas später eröffnet sie auf der Bühne das große Finale der einwöchigen Veranstaltung, dann ist sie wieder fest in den Händen der lokalen Prominenz und der Sponsoren.

Ich hingegen warte. Zum ersten Mal hatte ich vor drei Jahren von ihr gehört. Wir saßen gerade in Esens, also in Nordseenähe, in einem Café. Ich genoss noch meine Torte, unsere Tochter einen Eisbecher und meine Frau blätterte in den auliegenden Illustrierten. Lächelnd schob sie mir die BUNTE herüber (ich hab nachgesehen, es war Heft 26 vom 22. Juni 2011).

Aufgeschlagen lag das Interview mit einer Krimiautorin vor mir. Erst dachte ich, aha, noch jemand, der Lokalkrimis schreibt. Jede Kleinstadt hat mittlerweile einen eigenen Krimiautor.

Doch das hier war etwas anderes, da stand groß als Schlagzeile: ‚Nele Neuhaus: Krimi Königin aus der Provinz'.

Sehr genau las ich das Interview, saugte jede Zeile förmlich auf. Die Pferdenärrin schrieb im Taunus Kriminalromane, musste sie mangels Interesse der etablierten Verlage selbst drucken lassen und selbst verkaufen und war mehr durch Zufall entdeckt worden.

Eine Ullstein-Vertreterin war auf sie aufmerksam geworden, empfahl sie dem Verlag und bald verkauften sich ihre Romane erst zu Hunderttausenden, dann zu Millionen. Weltweit tauchten sie in den Bestsellerlisten auf. Sie veranstaltete eine Lesung nach der anderen, gab Interviews für alle Zeitschriften von Rang, war gesuchter Gast in renommierten Talkshows. Und jetzt wartete ich auf diese begnadete Schriftstellerin. Leider immer noch.

Nele Neuhaus wurde von allen Journalisten gelobt, auch wegen ihres natürlichen unkomplizierten Auftretens und weil sie offen Auskunft gab, selbst wenn es ins Persönliche ging: „Was sagt Ihr Mann zu Ihren Büchern?"
„Er liest sie nicht."

Ob das gut geht? dachte ich schon damals. Doch das war und ist nicht mein Problem, meines sieht momentan gerade anders aus. Ich kenne ihren Zeitplan, sehe ständig auf die Uhr und befürchte, nicht mehr dranzukommen. Ich muss etwas unternehmen. Stufe 1 wäre, auffällig in der Nähe zu stehen. Stufe 2, mich ins Gespräch zu drängen. Zu Stufe 3 fällt mir noch nichts ein.

Ich stelle mich also auffällig in ihre Blickrichtung. Sie sieht mich, nickt, winkt, entschuldigt sich bei ihren Gesprächspartnern, kommt lachend zu mir und fragt:
„Sollen wir?"
„Das wäre super."
„Wo?"

„Ich schlage die Cafeteria vor."

„Gehen Sie vor und ich folge Ihnen einfach."

Wow. Nele Neuhaus folgt mir, egal wohin ich gehen werde.

Kurz darauf sitzen wir völlig ungezwungen gegenüber, ich schalte mein Diktiergerät ein und breite mein Blatt mit den vorbereiteten Fragen aus. Sie lächelt darüber. Das wievielte Interview das wohl für sie ist?

Sie macht es mir leicht. Sie ist wirklich so unkompliziert und offen, wie ich es in den Zeitungen gelesen und im Fernsehen gesehen hatte. Aus dem erst etwas steifen Interview wird schnell ein lockeres Gespräch. Fast eine halbe Stunde lang plaudern wir fast freundschaftlich. Zum Schluss schenke ich ihr noch meinen eigenen Krimi. Den Titel findet sie toll: „Fluglärm kann töten". Sie zeigt mit dem Finger auf die erste Seite: „Aber bitte mit Signatur. Ohne geht nicht. Ich nehme von Kollegen nur signierte Bücher." Und sie verspricht mir: „Ich werde es lesen!"

Nele Neuhaus hat mich tatsächlich als Kollegen bezeichnet! Ich gebe ihr meine Visitenkarte, sie versichert, mir eine E-Mail zu schicken. Sie würde das Interview nämlich gerne vor der Veröffentlichung durchlesen. Ich sage zu, schicke es ihr auch und bekomme mit ihrer Antwortmail doch tatsächlich ihre private E-Mailadresse, ihre Postanschrift in Eschborn und sogar ihre Mobiltelefonnummer.

Natürlich würde ich noch gerne den Kontakt zu ihr aufrechterhalten, aber das ‚herzliche Dankeschön' für meine CD mit allen Fotos kommt bereits nicht mehr von ihr, sondern von ihrer Sekretärin. Verständlich, aber schade.

Ihr neues Buch ‚Sommer der Wahrheit' steht kurz vor der Veröffentlichung. Ich frage noch: „Wie hoch ist die Startauflage?"
„130.000."

Da ist mir klar: Jetzt brechen jede Menge Termine mit allen möglichen Medien über sie herein. Auch Lesungen, womöglich wieder weltweit von Berlin über Tokyo bis New York sind fällig.

Natürlich wäre auch ich gerne so erfolgreich. Aber ihren Terminplan möchte ich nicht abarbeiten müssen. Soll man sich ein solches Leben wirklich wünschen?

Das Schreiben des Interviews für die Zeitung war übrigens richtig harte Arbeit. Wer es noch nicht selbst gemacht hat, ahnt nicht, wie schwer es ist, ein halbstündiges Gespräch zu einem Zeitungsinterview mit begrenzter Zeilenzahl zu verdichten.

Das Ergebnis folgt im nächsten Kapitel.

25.5.2014

19 Interview mit Nele Neuhaus

Nele Neuhaus erzählt aus ihrem Autorenleben

Das Interview führte HZ-Mitarbeiter Dietmar Elsner.

Wie kam Ihr Kontakt zum Lesefest Hochheim zustande?

Mein Vater war Landrat des Main-Taunus-Kreises, dadurch lernte ich schon früh viele Orte kennen, war mit ihm auf dem Hochheimer Markt und auf dem Weinfest. Wir haben gute Verbindungen zu den Weingütern wie Himmel, Petry und Künstler, auch durch die Reiterei. Seit ich Botschafterin des Main-Taunus-Kreises bin, möchte ich in jeder Stadt etwas unterstützen. Deshalb habe ich nun die Schirmherrschaft für das Lesefest übernommen. Ich bin Hochheim insgesamt sehr freundschaftlich verbunden und komme immer wieder gerne her. Und die Hocheimer Leseförderung stimmt recht gut mit den Zielen meiner Stiftung überein.

Welche Ziele hat die Nele-Neuhaus-Stiftung?

Meine Stiftung ist noch sehr jung, in erster Linie wollen wir den Spaß am Lesen bei Jugendlichen fördern, nicht bei Behinderten oder bei Migrantenkindern. Es liegt genug im Argen mit den ganz ‚normalen‘ Kindern. Das passiert auch in Schichten, die nicht bildungsfern sind, auch da ist es einfacher, die Kinder an den Fernseher oder den IPod zu setzen, als am Abend etwas vorzulesen. Darin sehe ich mein Hauptanliegen.

Meine Stiftung hat zu wenig Manpower, um selbst Projekte durchzuführen. Aber es gibt ja genügend vorhandene Projekte, bei denen ich dann Schirmherrin bin und sie mit finanziellen Mitteln unterstütze. Ich sehe, dass ich durch meinen Namen viel erreichen und viele Türen öffnen kann. So helfe ich gezielt und flexibel und behalte genug Zeit für meinen Beruf als Schriftstellerin. Wenn etwas nicht so ganz in die Stiftung passt, wie zum Beispiel Pferde oder Musik, da unterstütze ich dann direkt als Nele Neuhaus.

Fließen immer noch 90 % Ihrer Einnahmen in die Nele-Neuhaus-Stiftung?

Es sind nicht mehr ganz 90 %. Anfangs ging fast alles in die Stiftung. Aber inzwischen bin ich geschieden und muss von meinen Büchern leben, aber der größte Teil geht immer noch in mein soziales und karitatives Engagement. Oft trete ich dabei gar nicht in Erscheinung. Aber wenn ich mit meinem Namen helfen kann, Aufmerksamkeit zu erzielen, wie zum Beispiel jetzt hier, dann mach ich es gerne.

Wie wird man Erfolgsautorin?

Ich hab jetzt leicht reden, weil ich es geschafft habe. Ohne Konzept, ohne Marketing, ohne Steigbügelhalter, ich hab es einfach gewagt. Einerseits hatte ich Glück, andererseits gehört das Talent dazu, das nicht jeder hat. Fantasie und künstlerische Begabung machen nur 10 % aus. Sich eine schöne Geschichte auszudenken, das können ganz viele Leute. Die Idee dann aber so weiter zu entwickeln, dass sie auch für andere Leute interessant ist, das ist Handwerk, das sind 70 %. Ich weiß, wie ich Spannungsbögen aufbauen muss, ich weiß, wie ich sie in der Geschichte schön verpacke. Die Sprache spielt eine große Rolle, die ist allerdings Begabung. Doch man muss sie immer weiter verfeinern.

Was macht einen Bestseller aus?

Wenn man das wüsste. Ich finde es total faszinierend, dass das, was hier so starken Regionalbezug hat, in Korea auf Platz 1 der Bestsellerliste war, in England auch, in Spanien, in Frankreich und Italien. Und niemand weiß, warum. Verlage sind händeringend auf der Suche nach neuen Talenten. Krimis gibt es wie Sand am Meer, aber in meinen Büchern ist irgendetwas ein bisschen anders. Ich kann nicht sagen, was es wirklich ist. Ich denke, dass irgendetwas Berührendes drin ist. Irgendetwas, womit sich die Leute in der Geschichte wiedererkennen, was sie entspannt, was sie unterhält, auch mal amüsiert. Es gibt in meinen Büchern immer wieder mal eine Stelle, über die man schmunzeln kann. Ich sehe mich als total durchschnittlichen Leser, ich schreibe für die Masse, zu der ich mich selber zähle und es gelingt mir einfach, die Leser gut zu unterhalten.

Arbeiten Sie in Klausur im Arbeitszimmer?

Ja. Gerade in den letzten 4 Monaten bin ich von 8 bis abends um 10 am Computer gesessen, weil das Manuskript fertig werden musste und ich noch einmal etwas kolossal verändern musste. Mein Freund weiß das dann auch, er fragt mich lediglich mittags: Willst du was essen?

Können Sie so viele Stunden am Stück konzentriert schreiben?

Ja. Es geht. Das ist extreme Disziplin. Vormittags mach ich Sachen wie Recherche, E-Mails beantworten, alles was so dazu gehört. Am frühen Nachmittag ist meine beste Zeit zum Schreiben. Vormittags überlege, ich wie die Stränge so laufen, was passiert gerade, aber konstruktiv schreiben tu ich am Nachmittag.

Wie geht es in Zukunft weiter?

Ich möchte alle Genres bedienen. Pferde, Krimis, Gesellschaftsromane. Es ist nie ein Zwang dabei, es macht mir Riesenspaß. Ich hoffe, dass nun ‚Sommer der Wahrheit' unter meinem Mädchennamen Nele Löwenberg bei meinen Leserinnen und den Lesern gut ankommt. Es ist ja eigentlich ein Frauenroman, aber es gibt auch einige männliche Leser. Ich würde gern in diesem Genre weiterschreiben. Obwohl, mit Bodenstein und Pia Kirchhoff hab ich noch so viele Ideen, das kann noch eine Weile weitergehen. Wenn ich zwischendurch mal geistig feststecke, schreib ich ein Jugendbuch und dann bin ich wieder frisch.

Vor ein paar Monaten lag Ihre Gesamtauflage bei drei Millionen

Fünf Millionen sind es mittlerweile. Allein ‚Schneewittchen muss sterben' hat sich eine Million Mal verkauft. Das ist doch der Hammer. Ich glaub das ganz oft selbst gar nicht. Es ist schon toll und es macht mich sehr stolz. Mein Freund sagt, du unterschätzt dein Ansehen. Aber ich erinnere mich eben noch sehr gut daran, wie ich meine Bücher selbst verkauft habe und wie 5.000 Stück Erstauflage von ‚Mordfreunde' bei uns in der Garage lagen.

Hat Sie der Erfolg verändert?

Ich kann mit Fug und Recht sagen, dass ich mich nicht verändert habe. Viele Leute, die ich schon lange nicht mehr gesehen habe, bestätigen mir: Du bist noch genauso wie früher. Mir kommt zugute, dass mich der Erfolg relativ spät erwischt hat. Ich war Anfang 40, als mein Name erstmals in den Bestsellerlisten stand. Ich kann damit ganz gut umgehen. Wenn man mit 17, 18 einen solchen Erfolg hat, kann das schnell zu Kopf steigen. Das ist schon nicht ohne, das ganze Drumherum, wenn man plötzlich vor Hunderten liest, wenn man in Talkshows sitzt oder wenn man ständig auf der Straße angesprochen wird, wenn die Leute Autogramme wollen und ich auf ihrem Geburtstag lesen soll. Da bin ich schon ein bisschen ausgeliefert. Aber auch beim Einkaufen versteck ich mich nicht, die kennen mich in Eschborn und rufen über den Parkplatz: Wann kommt das nächste Buch? Das ist nett und das freut mich. Das sind schließlich meine Leser, denen verdanke ich ja meinen Erfolg.

25. Mai 2014

20 Wieder im Café

Blauer Himmel, ein paar weiße Quellwolken decken manchmal die Sonne ab, mit anderen Worten: Wir haben schönes Wetter. Ich setze mich aufs Rad, genieße den Wind um die Nase und die Ohren, mein Rad bleibt wieder ‚zufällig' vor dem Café stehen.

Den Kaffee und den Erdbeerkuchen trage ich heute über die Treppe nach oben auf die Terrasse. Dann sitze ich im Schatten eines weinroten quadratischen Sonnenschirms und höre Musik aus dem unter der Dachrinne angebrachten Lautsprechern. Zwischendurch meldet sich der Sender: ‚Radio Swiss Pop, ein Musikprogramm mit Hits und Highlights der letzten dreißig Jahre'.

Mein Erdbeerkuchen ist frisch, schmeckt wunderbar. Auch die Musik von Adele, Phil Collins, Alphaville, Santana und Madonna passen gut zur sonnigen Nachmittagsstimmung.

Nur der Gast nebenan nervt. Wenn er nicht an seiner Marlboro zieht, redet er mit krächzender Stimme auf seine hübsche Begleiterin ein. Er ist knallrot gekleidet, vom Hemd bis zu den Schuhen. Wer ihn überhören sollte, übersieht ihn nicht. Warum läuft die junge Frau nicht davon?

In der Ecke bricht eine sehr sportlich gekleidete Radfahrergruppe auf, räumt den übervollen Tisch nicht ab. Im Café ist eigentlich Selbstbedienung vorgesehen. Ein Paar schaut durch die Türe, sieht sich um, doch nur noch Plätze in der Sonne sind frei. „Das ist schön hier, sollten wir uns merken."

Nachdem auch die letzten Erdbeerkuchenkrümel verspeist sind, konzentriere ich mich auf mein Buch und begebe mich mit Franz Hohler auf eine Wanderung durch die Berge von Südkorea.

Ein Spatz hüpft auf dem Boden umher und sucht vergeblich nach Krümeln. Ich hätte ihm etwas übrig lassen sollen.

Christi Himmelfahrt, 29. Mai 2014

21 Hochzeit

Meine Frau sagt, es sei schwierig, meinen einfachen Geschmack zu befriedigen. Ich sehe das naturgemäß anders. Allerdings ziehe ich tatsächlich manchmal ein Brötchen mit Milch einem Buffet mit Champagner, Lachs und Kaviar vor. Was nicht heißen soll, dass mir ein Holsteiner Schnitzel samt kühlem Pils nicht schmecken würde. Vielleicht ist es tatsächlich nicht einfach, zu erraten, was mir gerade gut tun würde.

Momentan ist es wieder so weit, ein gutes Beispiel kündigt sich gerade an. Auf dem roten Teppich in der Kaiserhofpassage wird auf das Brautpaar angestoßen. Sektgläser klingen und ich bekomme so richtig Appetit - auf ein Bananeneis von der Eisdiele nebenan.

Kurzfristig ändere ich doch noch meinen Wunsch und bestelle Stracciatella, setze mich dann mit der Waffeltüte in der Hand auf die Bank gegenüber und schaue ein Eis lang der Hochzeitsgesellschaft zu.

Es wundert mich doch ein wenig, dass viele Paare ihre Hochzeit im Keller feiern wollen. Der Besitzer hat das alte Gewölbe allerdings auch recht edel eingerichtet.

Ich hätte nie im Keller geheiratet. Bei meiner ersten Hochzeit speisten wir hoch oben im Hotel Mainzer Hof mit Blick auf den Rhein an seiner breitesten Stelle. Bei der zweiten feierten wir zwar zu ebener Erde, allerdings in einem schicken holzgetäfelten Raum mit vielen Kastanienbäumen vor den Fenstern. Den weltweit bekannten Ortsnamen lasse ich mal weg. Die Stadt ist zwar nicht hässlich, hat aber nicht gerade den Ruf eines Kurortes.

Während ich mein Eis bedächtig schlecke, verlassen vier schwarz gekleidete junge Männer den roten Teppich, der den Keller mit der luftigen Umwelt verbindet, und schlendern etwas verlegen in Richtung Eisdiele. Drei haarlose, rasierte Köpfe glänzen in der Sonne. Nur einer trägt stolz seine Haarpracht, doch auch sie glänzt. Dank reichlich Gel oder Pomade.

Das Nachbarhaus spendet zwar Schatten, aber den besetzt weitgehend ein weißer Opel mit roten Schleifen an den Türgriffen. Etliche Gäste drängen sich unter einem weißen Zelt mit angeknüpften roten Luftballons.

Am Eingang zum Keller steht auf einer Staffelei eine schwarze Tafel. Jemand hatte zwei rote Herzen darauf gemalt. Darunter steht etwas, aber das kann ich von weitem nicht lesen. Vielleicht sollte ich später einfach unauffällig vorbeispazieren. Mal sehen, ob meine Neugierde so lange anhält.

Die meisten Gäste stehen gelangweilt an den weiß gedeckten Stehtischen. Eine Frau mit abenteuerlich hohen Absätzen, die gar nicht zum Kopfsteinpflaster der sanierten Altstadt passen wollen, kommt von links. Das Outfit weist sie sofort als Hochzeitsgast aus: Schwarze Jacke über weißer Bluse, rosafarbener sehr durchsichtiger Rock. Praktisch alle Damen tragen glitzernde oder matte Perlenketten im Dekolleté.

Von rechts nähert sich eine beleibte Frau auf dem Fahrrad. Sie strampelt schnell, fährt dank Kettenschaltung dennoch langsam und blickt gebannt zu den Gästen hin. Sie sollte lieber nach vorne schauen. Da kommt nämlich noch ein Paar gelaufen. Der Herr wieder total in Schwarz mit leuchtend weißem Hemd. Die Frau ebenfalls ohne Farbe, das Kleid ist schwarzweiß quergestreift wie ein etwas zu eng anliegender Zebrastreifen. Lustig. Imposant ist ihr Pferdeschwanz, er reicht noch über den Gürtel hinab.

Die Glatzköpfe kommen zurück, keiner hatte sich getraut, ein Eis zu kaufen. Wäre wohl auch ein Fauxpas gegenüber dem Brautpaar gewesen. Ein Mann hebt ein Sektglas, eine Dame am anderen Ende der Gesellschaft hebt ihres ebenfalls und nickt ihm zu, sie stoßen virtuell an und trinken. Warum nur von weitem?

Jetzt erst entdecke ich die Braut. Im langen weißen Kleid entsteigt sie dem Treppenhaus ins Freie. Das Kleid ist eng, Gewebe quillt am oberen Rücken aus dem Kleid hervor. Nennen wir es höflichkeitshalber durch häufiges Training erworbene Muskelmasse.

Noch ein Paar trifft ein. Nicht ganz so festlich gekleidet, die Frau in edel geknitterter Leinenhose, der Mann mit einem Blumentopf in der Hand. Der rote Plastiktopf ist nur unvollständig unter silbriger Haushaltsfolie versteckt. Zu mehr hat die Freundschaft wohl nicht gereicht. Die Braut strahlt trotzdem, umarmt das Paar überschwänglich, freut sich. Sekt wird gereicht, sie stößt mit allen Umstehenden an, lacht laut. Es ist garantiert nicht das erste Glas. Die Glatzköpfe ziehen die Sakkos aus. Wer macht es nach? Vorläufig niemand.

Über allem schwebt ein Flugzeug nach dem anderen geräuschvoll über die Szene hinweg. Meine Waffel ist leer, ich knabbere den etwas aufgeweichten Rest zu Ende und fahre weiter.

Christi Himmelfahrt, 29. Mai 2014

22 Zurück nach Griechenland

Auf meinen Radtouren rund um die Stadt fahre ich nicht nur stur wie die mir verhassten Kampfradler vor mich hin. Ich schaue mich ständig um, beobachte die mehr oder weniger natürliche Natur und wenn sich eine Gelegenheit zum Plaudern ergibt, dann lasse ich sie für gewöhnlich nicht ungenutzt verstreichen.

In der Weinbergstraße fiel mir immer schon ein eher unscheinbares Haus zwischen den Wohlstandsbauten auf: Weil es in U-Form angelegt ist. Drei Hausseiten umschließen eine Terrasse, hübsche Rosen und Bäume wachsen und blühen. Eine Frau hegt und pflegt sie hin und wieder.

Einmal stieg ich ab, grüßte, lobte den Garten und vor allem die Bauform des flachen Hauses. Was mir daran so gefällt? Weil ich vor gut 40 Jahren ein Haus genau so bauen wollte. Die Entwürfe müssen noch in einem Karton schlummern. Die Frau stützte sich auf die Harke, erzählt mir von ihrer griechischen Herkunft, von ihrer Tätigkeit als Neugriechisch-Dozentin. Da ich gerade an einem Roman bastelte, der in Griechenland spielen sollte, fragte ich nach einem hübschen Vornamen für eine sympathische Romanfigur. ‚Engelchen' schlug sie vor, auf Griechisch ‚Aggeliki'.

Heute sehe ich das Ehepaar wieder auf dieser Terrasse sitzen und verrückterweise wünsche ich mir beim Anblick der beiden, ebenfalls dort zu sitzen. Wie kann ich das unauffällig erreichen?

Ich steige vom Rad ab und hole aus meiner Tasche ein Exemplar meines Fluglärmkrimis heraus (meist hab ich eines dabei. Man kann ja nie wissen). Ich winke ihnen damit zu, um die sowieso bereits entstandene Aufmerksamkeit weiter zu steigern. Sie sehen mich neugierig an, ich frage: „Darf ich kurz zu Ihnen kommen?"

Die Frau steht auf und winkt mich herbei.

Doch mir schlägt eine bedrückende Stimmung entgegen. Stumm sehen sie mich an, kein Nicken, kein Höflichkeitslächeln. Bin ich unerwünscht? Möglich. Aber egal, nun bin ich eben da. Ich erkläre so höflich wie möglich: „Vor ein paar Jahren hatte ich Sie nach einem griechischen Vornamen gefragt. Weil ich für eine nette griechische Romanfrau einen netten Vornamen suchte. Erinnern Sie sich?"

„Ach, Sie sind das."

Mit kargen Worten gibt sie kund, dass sie sich an mich erinnert und nach einem Moment des Nachdenkens weiß sie sogar den Namen noch und fragt: „Was wurde aus Aggeliki?"

Sie sieht das Buch in meiner Hand und fragt: „Ist das der Roman?"

„Nein. Der ist leider halbfertig in der Schublade verschwunden. Aber über den Fluglärm habe ich einen Krimi geschrieben."

Wie auf Bestellung düst ein schriller Jet über die Weinbergstraße, über das Haus, die Terrasse, also auch über uns hinweg. Als wir wieder sprechen können, biete ich es freundlich lächelnd an: „Darf ich Ihnen das Buch schenken?"

„Das wollen Sie mir schenken?"

„Ja."

Doch die Stimmung bleibt düster. Ich komme mir überflüssig vor, vermutlich sogar unerwünscht, plane bereits meinen ehrenhaften Rückzug. Ihr Mann hat noch kein Wort gesprochen, jetzt stopft er Tabak in seine Pfeife, hält ein Streichholz daran, zieht angestrengt am Mundstück. Ich lege der Frau das Buch auf den kleinen weißen Terrassentisch. Sie beginnt zu weinen. Was ist los? Wegen meines Buches hat bisher noch niemand geweint, obwohl es nicht gerade zimperlich darin zugeht. Aber davon konnte sie noch gar nichts wissen.

Ich gehe verlegen einen Schritt zurück, sie bemerkt, dass ich mich davon machen will, wischt sich mit einem Tuch die Tränen aus den Augen, zeigt auf die welken Rosenblätter auf dem Rasen: „Unser Hund ist gestorben."

„Wann?"

„Vor einer Woche."

Das nächste Flugzeug verhindert eine weitere Erklärung. Als ich sie wieder verstehen kann, schluchzt sie: „Ich will hier weg. Ich gehe zurück nach Griechenland. Für immer."

Der Mann fragt nun zwischen zwei Rauchwolken aus der Pfeife: „Kennen Sie Griechenland?"

Sein Deutsch ist so gut, wie man es nur von einem Einheimischen kennt. Die Frau bietet mir einen Stuhl an, ich bedanke mich, bin froh, dass offensichtlich nicht ich der Grund für die Stimmung bin und antworte: „Ja. Ich war schon mehrmals dort. Ich habe auf Rhodos meine Frau kennengelernt."

Sie wird neugierig: „Eine Griechin?"

„Nein eine Urlauberin. Aber das erste Mal war ich schon viel früher dort, mit 24 Jahren, das war 1965."

„Allein?"

„Ja. Ich fuhr mit der Bahn von Frankfurt nach Athen, 2 Tage, 2 Nächte und 4 Stunden."

Er schmunzelt, aus ihren traurigen Augen werden neugierige. Und dann erzähle ich von den Zuständen im Eisenbahnwaggon, von den beiden jungen Frauen, die mir im Abteil ein wenig Griechisch beibrachten. Zum Beispiel: ‚Das ist viel zu teuer', worauf ich später von der Rezeption das schlimmste Zimmer des Hauses mit Blick auf die Wand des Nachbarn zugeteilt bekam. Noch während ich erzähle, dass ich mich wunderte, warum dauernd Männer und Frauen über die Treppen nach oben und wieder hinuntergingen, muss sie laut lachen und ruft ihrem Mann zu: „Das war ein Puff!"

Nun lacht auch er und erzählt, dass ihnen das gleiche in der Normandie passiert war.

Die Frau erschrickt, sieht mich erstaunt an und sagt: „Ich habe gelacht. Wie lange hab ich nicht mehr gelacht. Sie haben mich zum Lachen gebracht!"

Endlich ist das Eis gebrochen. Nun erzählt der Mann vom Kampf ums Leben des geliebten Haustieres bis zum traurigen Ende durch Nierenversagen. Eine gefährliche Sandmücke hatte den Vierbeiner in Griechenland gestochen: „Daran können auch Menschen sterben."
Die Frau lädt mich ein, noch ein wenig zu bleiben. Ich lehne höflichkeitshalber ab, der Mann sagt: „Bleiben Sie, meine Frau meint das ernst."
Sie schmunzelt noch, während sie hineingeht. Ich plaudere mit ihm über meine Radtouren, bis sie mit den typischen winzigen Kaffeetassen zurückkommt. Dazu serviert sie uns Saft, Wasser, Likör und Feigen in Honig.

Ich signiere das Buch: ‚Für Chrysanthi', wir tauschten tausend alte und neue Geschichten aus und ich erfahre, dass sie bereits den Flug ‚nach Hause' gebucht hat. Er muss sich noch ‚um das alles hier' kümmern: „Der Makler ist eingeschaltet."

Ich sehe skeptisch zur nächsten oben am blauen Himmel lautstark vorbeiziehenden Maschine hinauf. Wir plaudern noch ein wenig über Hochheim, Deutschland und Griechenland. Dann verabschieden sie mich herzlich an der Straße und winken mir nach.

1. Juni 2014

23 Harley

Im Baumarkt musste ich meine Silikonkartuschen umtauschen, von Weiß nach Transparent. Darüber gibt es eigentlich nichts zu berichten, würde da nicht gerade ein ganz bestimmter Motorradfahrer neben mir an der Ampel stehen bleiben.

Motorrad ist nicht der richtige Ausdruck: Eine Harley tuckert neben mir mit dem Sound eines Schiffsdiesels. Oben schmückt den graubärtigen Fahrer ein schwarzer Helm. Vorne erkenne ich die typische Harley-Figur mit deutlich gerundeter Mitte. Auch der Rest stimmt: Schwarze Lederkleidung mit großzügig geschwungener weißer Schrift. Und zwar an allen Stellen, die man beschriften kann. Ich sehe seine linke Hand, auch die passt zum Gesamtbild: Ein schreckliches Tattoo verziert sie. An den Fingern glänzen zwei dicke Goldringe.

Hinter ihm sitzt fest an seinen Rücken geschmiegt eine junge Frau. Kichernd versucht sie über ihn hinweg ans Lenkrad zu fassen. Ihm gefällt es.

Mit seiner Goldfingerhand sucht er hinter seinem Sattel nach den Beinen des Mädchens, findet die Wade und massiert sie kräftig, auf und ab.

Sie schlingt die Arme um ihn und lässt es sich gefallen. Ich vermute, dass diese intensive Wadenbehandlung nur der Anfang einer umfangreicheren Massage sein soll. Aber an mehr kommt er momentan eben nicht ran.

Die Ampel bleibt ausgesprochen lange rot. Doch der alte Möchtegern-Rocker hat keine Langeweile und krault weiter die weibliche Wade. Jetzt schaut er auch noch zu mir herüber, betrachtet mich wohl als so etwas wie einen Spanner oder Gaffer, sieht mich provozierend stolz grinsend an, mit einem Blick, der sagt: „Da staunst du, was?"

Das grüne Licht der Ampel beendet das Schauspiel, für mich jedenfalls. Er biegt schön langsam mit der vor Kraft strotzenden Maschine samt seiner Motorradbraut nach rechts ab.

Ich dagegen biege total unspektakulär nach links in Richtung Hochheim ab. Mit meinem alten Auto und lediglich Silikonkartuschen auf dem Beifahrersitz.

4. Juni 2014

24 Was wird besser

Eine Fernsehsendung versucht meine persönlichen Lebenserfahrungen zu widerlegen. Mein eigener Eindruck nach 73 Jahren ist nämlich: Nichts wird im Alter besser.

Und nun behauptet Dr. Eckart von Hirschhausen in seiner Sendung ‚Quiz des Menschen' respektlos das Gegenteil. Sein Zeuge ist der Hirnforscher Prof. Martin Korte. Der belegt durch Studien, dass im Alter der Verstand nicht versiegt, sondern sogar wächst. Der Herr Professor fand heraus, dass eine ganze Serie von kognitiven Fähigkeiten besser wird. Er zählt sie in der Sendung auf:

Die Sprachkompetenz
Das Sprachgedächtnis
Das schlussfolgernde Denken
Die räumliche Orientierung
Nur eines lässt nach: Die Rechenfähigkeit.

Wenn er Recht haben sollte, dürfte das mit dem Rechnen kein Problem sein, denn es gibt überall billige und total fehlerfrei arbeitende Taschenrechner zu kaufen.

Ein paar kritische Anmerkungen erlaube ich mir doch: Wo liegt das Einstiegsalter für diese Behauptungen? Bei 30 Jahren? Oder 50? Oder 70?
Und wann rechnet das forschende Institut schlussendlich ab? Mit 40?, 80? oder mit 90 Jahren?

Dass sich obige kognitive Fähigkeiten zwischen 40 und 50 verbessern, kann ich mir problemlos vorstellen. Aber von 80 auf 90? Da fehlt mir der Glaube. Ich beschließe, dass solche Pauschalbehauptungen ohne genaue Daten nicht seriös sind. Auch wenn sie die Angst vor dem Alter nehmen sollen.

Das ARD-weit versendete Schlusswort zu diesem Thema gefiel mir besser. Dr. Hirschhausen fragte: „Was wirkt denn nun tatsächlich lebensverbessernd und lebensverlängernd?"
Professor Korte antwortete lachend:

1. Lieben
2. Laufen
3. Lernen
4. Lachen

Das klingt gut. Das unterschreibe ich gern.

Juni 2014

25 Rollo

Besuch hat sich angesagt. Im Gästezimmer, das in Wirklichkeit ein Kombizimmer ist, sollte etwas Wichtiges geändert werden, meint meine Frau. Gerhard, mein Schwiegervater, sollte nicht von der frühen Maisonne geweckt werden und Sammie, die danach eintreffende Austauschschülerin aus den USA erst recht nicht. Deshalb müssen an die Fenster des ehemaligen Schlafzimmers, das in seiner wechselvollen Geschichte bereits als Filmatelier, Schnittstudio, Büro und Bügelzimmer diente, Verdunkelungsrollos montiert werden.

Nun kamen die Fenster mittlerweile seit 30 Jahren ohne Rollos aus, aber ich will um des lieben Friedens willen keine große Aktion daraus entstehen lassen, fahre in den Baumarkt, kaufe zwei Rollos in der passenden Länge und Breite und – das ist wohl der Fehler – zeige sie, bevor ich sie montiere, meinen beiden Damen.

Ich werde regelrecht fertig gemacht: „So was Hässliches! Das kommt überhaupt nicht infrage. Das ist doch eine Geschmacksverirrung. Die bringst du sofort wieder zurück und beim nächsten Kauf möchten wir dabei sein."

Erst wollte ich doch noch einwerfen, dass man die Gäste selbst fragen könnte, ob sie mit oder ohne Rollo bei uns übernachten wollen. Aber auch diesmal halte ich lieber den Mund. Eintracht ist wichtiger als Recht haben.

IKEA hat angeblich die schicksten Verdunkelungsrollos, deshalb fahren wir nun nach Wallau. Erst drohen dunkle Wolken, dann regnet es, an der Ortsausfahrt kommt ein richtiger Schauer herunter und kurz vor Delkenheim schüttet es wie aus Eimern. Rechts im Feld vor den Golfplätzen arbeiten Erdbeerpflücker in gebückter Haltung, teils mit Umhängen versehen, einfach weiter. Vermutlich sind es Saisonarbeiter, die das Unwetter einfach ignorieren. Nach dem Motto: Ein Unterstand ist sowieso nicht da und wenn wir nur rumstehen, regnet es auch nicht weniger.

Da ich Regen nicht mag, lasse ich mich möglichst nah am IKEA-Eingang absetzen und schüttele dort vor der Drehtür sorgfältig die Tropfen von meiner Regen abweisenden Jacke. Zusammen mit meinen Begleiterinnen, die ich eher als Aufpasserinnen empfinde, besuche ich erst einmal das Restaurant. Menschen mit vollem Magen sind üblicherweise friedlicher.

Danach mäandern wir uns zu den Gardinen durch und finden dort tatsächlich genau die richtigen Rollos samt Zubehör. Doch etwas fehlt im Gesamtpaket: Der Hersteller hatte zwar die Schrauben und Dübel sorgfältig verpackt mitgeliefert, nicht jedoch die Dübellöcher in der Wand.

Zuhause ist schnell geklärt, wer für deren Herstellung zuständig ist: „Der Papa."

Die Arbeit fällt mir nicht leicht. Schweiß steht schon beim Ausmessen auf meiner Stirn, beim Bohren beschwert sich der Rücken, aber ich verrichte brav meinen Job. Die Schlagbohrmaschine quält den Bohrer abwechselnd durch Putz, Ziegel und Beton. Und das acht Mal.

Die Montage des ersten Rollos gelingt schon beim zweiten Versuch. Das zweite Rollo wehrt sich kaum noch und schließlich ist alles perfekt. Es wird wirklich dunkel im Raum, wenn man die Dinger runterzieht.

Soll ich mich über die nun folgenden Vorgänge freuen, weil ich es ja sowieso gewusst oder zumindest geahnt hatte?

Gerhard kommt, lässt sich die Rollos zwar vorführen, meint dann jedoch: „Ach weißt du, ich brauche kein Rollo, ich will sehen, wenn es morgens Tag wird."

Und Sammie aus USA? Sie kommentiert nur trocken: „I dont need them. I always sleep without blacking out my room."

Ich hab es doch gleich gesagt, dass man die Gäste selbst fragen soll. Aber mich fragt ja keiner.

9. Juni 2014

26 Es ist heiß

Schon von drinnen sehe ich die heiße Luft auf der Straße flimmern. Ich sprühe mir aus einer gelben Flasche reichlich klebrigen Sonnenschutz auf die Unterarme. Faktor 30.

Auf dem Weg zur Garage spüre ich sie dann die gnadenlos vom Himmel brennende Sonne, die drückende Hitze, denke an die Arbeiter auf Straßenbaustellen oder auf einem Dach. Ich kann den Geruch des heißen Asphalts wahrnehmen. Aber auch den der Gärprozesse in der Biotonne, obwohl sie im Schatten steht. Winzige Ameisen laufen am braunen Deckel hin und her.

Die Hortensien vor dem Haus ertragen die Temperatur nicht. Die üppigen Blüten welken trotz ausgiebiger Wässerung. Die Rosen haben ebenfalls Probleme, sie blühen hastig auf, lassen am nächsten Tag schon die Blütenblätter auf den Boden fallen. Kann ich sie irgendwie schützen? Mit einem Sonnensegel? Und was ist, wenn das angesagte Gewitter kommt? Wohin segelt das Segel dann?

Ich hole mein Rad aus der Garage und weiß genau, wohin ich fahren werde: In ein Café mit Klimaanlage. Die heiße Luft steht auf der Straße, aber der Fahrtwind auf dem Rad tut gut. Er weht um die Nase und die Ohren, aber nicht oben übers Haupt. Die Mütze muss sein, wegen der Hautkrebsgefahr auf dem haarlosen Teil meines Kopfes. Die Hautärztin besteht darauf. Aktinische Keratose hatte sie bereits diagnostiziert und rabiat beseitigt. Ich setze die weiße Baseballkappe quer auf, damit sie nicht so dicht abschließen kann und ein wenig Luft unten durch ziehen lässt. Man muss sich nur zu helfen wissen.

Die vorüberfahrenden Autos haben entweder alle Fenster weit offen oder hermetisch dicht abgeschlossen. Die einen haben eine Klimaanlage, die anderen nicht.

Hunde werden auch im Sommer zum Entleeren geführt. Ich sehe ein Frauchen mit Plastiktüte für die Hinterlassenschaften in der einen Hand, in der anderen eine große Flasche Wasser, in der dritten einen Trinknapf und in der vierten die Leine. Oder so ähnlich.

Etliche Schüler dürften heute ‚Hitzefrei' haben. Soweit ich weiß, jedoch nur die unteren Jahrgänge.

Eigenartigerweise freue ich mich auf ein dickes Stück vom fetten Frankfurter Kranz. Heißen Kaffee will ich dann aber doch nicht und nehme eine kleine PET-Flasche Cola light aus dem Kühlregal. Die Torte ist prima, das Getränk zum Wegschütten. Es ist lauwarm, sprudelt, schäumt im Rachen, ich rülpse wie noch nie und nach wenigen Minuten wird mir regelrecht schlecht. Ich will das Ding nicht mehr auf dem Tisch stehen sehen, schraube es zu und werfe es auf das Abräumtablett um die Ecke. Mir fällt die Redewendung ein: „Und war es keine Offenbarung, dann war es eben Erfahrung."

Nächstes Mal werde ich beim Kaffee bleiben, mag er so heiß sein, wie er will.

Ich kratze die letzten Krümel vom Teller, lese noch ein wenig in ,Be happy, be Oldie', schaue über die Lesebrille hinweg durch die großen Scheiben den erschöpften Mitmenschen auf der Straße zu und genieße die leichte Zugluft von der Decke.

Eine Stunde später verabschiede ich mich von den freundlichen Damen hinter der Theke, steige aufs Rad und bemerke sofort, was ich etwas falsch gemacht hatte: Auch Fahrräder sollte man im Schatten parken. Der Sattel ist brennend heiß, vermutlich könnte man Eier darauf braten.

Soll ich pusten? Ich warte eine Weile im Schatten des Hauses, erdulde dann eben die Wärme von unten. Ich fahre am Thai-Massagesalon vorbei. Ob da drinnen tatsächlich verschwitzte Körper durchgeknetet werden?

Mir fällt auf, dass kein Vogel zu sehen oder zu hören ist. Jedenfalls kein biologischer, also ohne Triebwerk. Nur die Nahrung für die Vögel ist unterwegs. Winzig kleine Insekten bleiben an der Stirn, auf der Brille oder auch mal in der Nase hängen.

Woran erkennt man den freundlichen Radfahrer? An den Fliegen zwischen den Zähnen! Den Mund lasse ich deshalb unfreundlich fest verschlossen. Wir nennen zuhause diese schwarzen Geschöpfe gerne Kommatierchen, wegen ihres Aussehens und ihrer Ausmaße.

Erst ein Krankenwagen und dann auch noch der Notarzt scheuchen die Verkehrsteilnehmer in der Spielstraße auf den Bürgersteig, machen sich lautstark Platz. Gleich um die Ecke beruhigen sie sich wieder, bleiben vor dem Netto-Markt stehen. Weiß gekleidete Männer eilen hinein. Ich bin neugierig, höre eine Frau erzählen: „Da drin ist ein alter Mann zusammengebrochen. Die haben ihm Plastiktüten mit Eiswürfeln aus der Tiefkühltruhe auf die Brust gelegt."

Ob die Verkäuferinnen diese Art von Erster Hilfe irgendwo erlernt haben? Oder meinten sie einfach: „Gekühlte Ware hält länger."

An der Eisdiele steht eine lange Schlange an. Ich beherrsche mich und fahre weiter. Wie heiß ist es eigentlich wirklich? In Zahlen. Schon im Winter hab ich einen Fahrradcomputer ans Lenkrad geschraubt. Er zeigt mir nicht nur die Uhrzeit, das Tempo und noch ein paar Informationen, die mich nicht interessieren, sondern auch die Temperatur an: 35,5 Grad Celsius.

10. Juni 2014

27 Wasserkühlung

Nach der Hitze gestern ist es heute angenehm frisch.
19 Grad zeigt das Außenthermometer an. Im Radio
wird von Unwettern berichtet, die nachts Düsseldorf
und Umgebung heimgesucht hatten. Auch das Mor-
genmagazin zeigt die Wassermassen, wie sie vom
extremen Sturm durch die Straßen gepeitscht worden
waren. Stromausfälle, ein überschwemmtes Krankenhaus, vollgelaufene Keller und überall umgestürzte Bäume. Feuerwehreinsätze bis zum Umfallen.

Und in Hochheim? Da war wieder nichts los, oder
sollte ich es nur verschlafen haben?

Ich habe um 10 Uhr einen Termin beim Optiker. Be-
wölkt ist es zwar auch in Hochheim, aber trocken. Auf
dem Weg zur Garage spüre ich dann doch ein paar
Tropfen auf meinem Haupt. Nach zweihundert Metern beschließt der Himmel, die Temperatur der angenehm frischen Luft per Wasserkühlung noch weiter
zu senken. Ich finde Regen grundsätzlich nicht
schlecht, aber nur, wenn er mich nicht nass macht.

Ich trete in die Pedale, als könnte ich bei entspre-
chendem Tempo unter dem Regen hindurchfahren.
Es muss eine optimale Geschwindigkeit geben, bei
der man die wenigsten Wassertropfen abbekommt.
Ich kenne sie nicht und fahre, so schnell ich kann. Im
Weststadtzentrum komme ich mit vorne nassem und

hinten trockenem T-Shirt an. Den Optikermeister interessiert das nicht. Obwohl ich ihn mit leidendem Gesichtsausdruck und nasser Hand begrüße.

Er fragt: „Wie war nochmal Ihr Name?"
Ich lege dem freundlichen Herrn meine drei Brillen auf den Tisch. Die Alltagsbrille mit allem Schnickschnack, also Gleitsicht, Tönung und doppelt entspiegelt, dann die Lesebrille ohne Gleitsicht und ohne Tönung und die Computerbrille mit der festen Entfernungseinstellung auf 55 Zentimeter.

Er soll herausfinden, ob man meiner nachlassenden Sehfähigkeit mit optischen Mitteln, also anderen Brillengläsern begegnen kann. Vor allem die kleine Schrift am Bildschirm macht mir zunehmend zu schaffen. Ich darf mal wieder durch die seltsame Brille mit den austauschbaren Gläsern hindurch Ziffern und Buchstaben lesen oder erraten. Er gibt sich alle Mühe: „So oder so besser?"
Zum Schluss vergleicht er meine neu ermittelten Glasstärken mit den alten Brillen: „Alles wie vor drei Jahren."
Er kann weder mir helfen noch für seinen Betrieb Umsatz generieren.

„Warum sehe ich dann die kleinen Schriften am Bildschirm nicht mehr so gut?"
„Das liegt am Gesamtsystem Auge. Alles wird mit den Jahren immer schwächer oder steifer, die Linse, die Retina, der Sehnerv, das Sehzentrum im Gehirn ver-

mutlich auch. Da kann man nichts machen. Tut mir leid."

Wir plaudern in der Türe noch ein wenig, obwohl der nächste Kunde bereits wartet. Wir unterhalten uns darüber, dass der eigene Körper mit der Zeit so etwas Ähnliches wie eine Altbauwohnung wird. Er lacht: „Es soll Leute geben, die stehen auf Altbauten."
Wir freuen uns über die gerechte Fügung, dass wir alle älter werden. Ohne Ausnahme. Die Alternativen zum Älterwerden taugen auch alle nichts.

Und so geht es eben vorwärts mit den Tagen, Wochen, Monaten Jahren. Gleichmäßig, fast unmerklich, aber stetig.

Im Gespräch gesteht er mir nebenbei ein sehr persönliches Problem: „Ich kann mir die Namen meiner Kunden nicht merken."
„Ich hab auch ganz schön Probleme mit Namen", versuche ich ihn zu trösten.
Er nickt nur, putzt mit einem Lappen noch einmal meine Brille und ich ergänze: „Das wird mit zunehmendem Alter nicht besser."
Er nickt schon wieder: „Das hab ich auch schon bemerkt."

Ich gehe, höre noch den Meister drinnen fragen: „Entschuldigen Sie bitte, wie war noch Ihr Name?"

11. Juni 2014

28 Rhabarberkuchen

Meine Radtour beginne ich im Supermarkt. Weil mir gerade danach zumute ist. Ohne tieferen Grund. Shopping heißt der zeitgenössische Fachausdruck dafür.

Und so spaziere ich eben mit einer Mischung aus Neugierde und Langeweile zwischen befeuchtetem Gemüse, gekühlter Wurst, Rosinen, Puddingpulver, Rollmöpsen und tausend Sorten Käse an den Regalen entlang. Ich hatte mir vorgenommen, nichts zu kaufen und schaffe es auch. Draußen läuft eine Bekannte mit Kartons im Arm zur Paketannahme in der Passage. Wir grüßen uns.

Seit ein paar Minuten stelle ich mir ein Stück Kuchen vor, nicht vom Glockenbäcker, sondern im Café. Im Geiste sehe ich bereits die leckeren Streuselbrocken oben drauf. Ich fahre auf direktem Weg ins Bäckereicafé in der Frankfurter Straße.

Dort steht tatsächlich hinter der Glaseinfassung der Theke der genau zu meinem Appetit passende Kuchen: Rhabarber mit Streusel. Aber er wird nur plattenweise verkauft und die sind nicht gerade klein. „Kann ich die Hälfte haben?
„Ich kann sie in zwei Teile schneiden, wenn Sie das wollen, aber kaufen müssen Sie die ganze Platte."

Ich will den Kuchen haben. Es muss sein. „Bitte mit einer großen Gabel und einer Tasse Kaffee."

Ich bekomme wieder meinen Stempel ins Kaffeekärtchen. Wenn es voll ist, gibt es einen gratis.

Der säuerliche Rhabarber und die Streusel sind wunderbar. Dazwischen immer wieder ein kleiner Schluck Kaffee. Ich esse, genieße, ohne über die Menge nachzudenken, bis der Teller, auf dem beide Hälften lagen, leer ist.

Danach strecke ich die Beine aus, stelle heimlich den Gürtel ein Loch weiter. Das Gewissen regt sich. Das Stück war eindeutig zu groß und ich fühle mich dick, prall und rund. Die Waage wird es garantiert morgen früh entdecken.

Doch die Reue kommt zu spät, nur noch eine extra stramme Radtour kann mir vielleicht ein paar Gramm auf der Hüfte ersparen. Ich fahre wild entschlossen los, obwohl mir eher nach einem gemütlichen Nickerchen auf dem Sofa zumute ist.

Und so strampele ich eben schnaufend vorbei an AeroPump, der Gärtnerei Lehr, zwischen den Pferdeäpfeln am Falkenberg hindurch, an den Weinbergen entlang. Das schlechte Gewissen treibt mich immer weiter und schneller voran.

Kurz bevor die Häuser der Weinbergstraße beginnen, kräht plötzlich ein Hahn aus dem Schrebergarten direkt neben mir derart laut, dass ich vor Schreck fast vom Rad falle. Will er seinen Hühnerharem vor mir warnen? Oder mich vertreiben? Oder einfach nur vor seinen Damen die Besitzverhältnisse klären: „Hier krähe ich!"

11. Juni 2014

29 Globalisierung

Warten auf Moussaka macht nachdenklich. Im Garten des alten Gasthauses ‚Frankfurter Hof' wirbelt ein frischer Wind welke Lindenblüten durch die Luft. Das Restaurant hat nichts mit Frankfurt, dafür umso mehr mit Athen zu tun.

Gegenüber ist es ähnlich, der Pächter vom ‚Nassauer Hof' kennt Nassau vermutlich gar nicht, er serviert chinesische Speisen. Rechts gegenüber weist ein schwarzer spanischer Stier am Geländer der erhöhten Terrasse darauf hin, dass im alten Hochheimer Winzerhotel ‚Zur Rebe' spanisch gegessen wird.

Mein Chef hatte schon vor Jahren mal behauptet: „Nichts ist beständiger als der Wandel."
Der Spruch war bestimmt nicht von ihm, den traue ich ihm nicht zu. Solche weltbewegende Gedanken waren nicht sein Ding.

Während ich die langsam über den blauen Himmel wandernden weißen Wolken bewundere, fallen mir noch ein paar Italiener ein, die jetzt alte deutsche Hochheimer Gaststätten bewirtschaften. Ganz schön international, wenn nicht sogar global, ist unser kleines Hochheim geworden.

Meine Moussaka kommt, schmeckt genauso gut wie damals in Athen, als ich 1965 die erste probieren durfte.

Der Ouzo könnte kälter sein. Ich bezahle, bewundere noch ein wenig die auf Sperrholz gemalten griechischen Landschaften neben dem Fahrradständer und fahre weiter.

13. Juni 2014

30 Warte nur, balde …

Wieder einmal sitze ich beim Griechen im Freien unter den Kastanienbäumen. Mein Teller ist brav leer gegessen. Oma hatte immer gesagt: „Dann gibt es schönes Wetter."

Das Bierglas ist fast leer. Vom Schaum auf dem kühlen Pils ist nichts mehr übrig.

Drei Frauen sitzen an drei Tischen. Vermutlich sind es Witwen. Bei uns in Deutschland ist das leider so: Sich zu jemandem an den Tisch zu setzen, wenn noch irgendwo ein anderer frei ist, gilt als unanständig. Obwohl ich darauf wetten könnte, dass alle drei gerne miteinander plaudern würden.

Eine vierte kommt hinzu, nimmt am vierten Tisch Platz. Der aufmerksame Kellner bringt ihr sofort die Speisekarte. Sie lächelt ihn an, versucht vorsichtig ein Gespräch mit ihm: „Wie geht es Ihnen?"

„Danke gut. Haben Sie schon gewählt?"

„Nein, einen Moment noch bitte."

Und schon ist das Gespräch beendet. Schade. Ich hätte ihnen gerne zugehört.

Der Kellner geht zum Tisch vor mir, fragt ein älteres Paar, ob es geschmeckt hätte. „Danke ja."

Er nimmt schon einmal die Teller auf den Ärmel, fragt im Weggehen: „Ouzo?"

„Ja."

„Zwei?"

„Nein. Nur einer."

Das Paar interessiert mich. Der Mann hat zwar noch volles Haar auf dem Kopf, allerdings von den Jahren gefärbt, in Richtung hellgrau. Sein Bart sieht sorgfältig gepflegt aus. Er hat ebenfalls die Standardfarbe der Senioren angenommen. Zumindest der männlichen.

Die Frau neben ihm trägt weiße lange Hosen. Mir fiel schon mehrfach auf, dass Damen ab 70 weiße Hosen tragen. Scheint Mode zu sein in dieser Altersgruppe. Mir kann es egal sein, dass man sie meist nur einmal anziehen kann. Jedes Stäubchen auf einer Bank oder einem Stuhl hinterlässt sichtbare Spuren. Für mich wäre das nichts. Meine Jeans verrät nicht, wie lange ich sie schon trage.

Die braune Strickmütze auf dem Kopf der Dame passt nicht zu ihrem gepflegten Outfit. Ich kann darunter keine Haare entdecken. An keiner Stelle schaut auch nur ein kleiner Zipfel heraus. Das hässliche Wort ‚Chemo' fällt mir ein. Er blickt sie immer wieder verliebt an. Sie beachtet es nicht, schaut geradeaus zur Straße hin. Er streicht ihr über den Rücken, immer noch einmal. Sie beachtet auch das nicht.

Ich zahle, trinke meinen lauwarmen Rest Bier aus und gleich danach den eiskalten Anisschnapps, der beim Griechen einfach dazu gehört. Während ich zu meinem Fahrrad gehe, legt der Mann seine Hand auf ihre. Sie schaut noch immer über die niedrige Hecke ins Leere.

Kurz vor der Weinbergstraße, auf dem Bürgersteig vor der Firma Marmor Weber sitzt ein alter Mann auf seinem Rollator. Seine Gesichtsfarbe ist beängstigend grau. Seine wenigen Haare sind schlohweiß. Er betrachtet stumm die reichhaltige Auswahl an Grabsteinen.

Es wird eng in meiner Brust. Beobachte ich gerade meine eigene Zukunft? Ich trete in die Pedale und versuche mich zu trösten: Geht doch noch immer einwandfrei.

Muss mir gerade jetzt der alte Goethe einfallen?

‚Über allen Wipfeln ist Ruh.'

Die Schlusszeile ist wahrlich kein Trost. Überdeutlich und gnadenlos dichtete der alte Meister:

‚Warte nur, balde, ruhest du auch. '

15. Juni 2014

31 Am Strand

Auch in Mainz kann man zu beiden Seiten des Rheins am Sandstrand liegen. Genau an der Stelle, an der schon vor 2000 Jahren die Römer eine Brücke über den breiten Fluss gebaut hatten. Der rechtsrheinisch angelegte Strand gefällt mir besser, weil daneben auch eine Wiese unter Kastanienbäumen zum Verweilen einlädt. Da warten sogar Liegestühle, deren Benutzung nichts kostet.

Allerdings steht im Schatten der Bäume auch ein fahrbarer Kiosk, dessen Getränkeangebot nicht von schlechten Eltern ist. Barmixer schütteln Cocktails, die meist zögerlichen Kunden müssen für die bunten Alkoholika ordentlich in die Taschen greifen.

Meine Tochter hatte sich gerade zum Tanzunterricht fahren lassen. Das Taxiunternehmen ‚Papa' hat nun eine Stunde Zeit ‚zur freien Verfügung'. Da ich seltsamerweise vor der Reduit-Festung sofort einen kostenlosen Parkplatz finde, bin ich sofort bester Laune. Dazu brauche ich keinen Cocktail. Ich suche mir einen Liegestuhl unter dem größten Kastanienbaum und lehne mich entspannt zurück.

Erst blinzele ich ein wenig in die geradezu unverschämt grünen Blätter, dann schließe ich die Augen. Die Ohren bleiben offen. Weil man sie bekanntlich nicht schließen kann. Jedenfalls nicht ohne Zubehör.

Die Sonne blinkt zwischen den grünen Blättern hindurch auf meine geschlossenen Augenlieder. Hell und Dunkel wechseln sich im Rhythmus des leichten Windes ab. Ich kann ihn auch hören, wenn er an meinen Ohren vorbeistreicht, wenn er die Seile an den Fahnenstangen klappern lässt und alle möglichen Geräusche zu mir hin weht.

Zum Beispiel das aufgeregte Schreien von spielenden Kindern unten im Sand. Und das dumpfe Tuckern der Frachtschiffe. Ein schnelles Boot fährt ganz nah am Ufer entlang, ich muss nun doch meine Augen öffnen: Die weißblaue Wasserschutzpolizei mit den riesigen Lettern HE2 fährt zur Maaraue, zum Revier, also nach Hause.

Ich schließe wieder die Augen, blinzele nur hin und wieder ins leuchtende Grün des Baumes über mir. Die Schiffsmotoren werden leiser, verschwinden schließlich ganz. Erst jetzt nehme ich das gleichförmige Geräusch der Autos auf der Brücke wahr. Der hochtourige Motor eines Motorrads heult auf. Ich stelle mir vor, wie es sich aufgeregt zwischen den PKWs hindurchmogelt. Im Stadtverkehr! Auf der Brücke, die Mainz mit Wiesbaden und Rheinland-Pfalz mit Hessen verbindet.

Ich versuche den riskanten Fahrer auf der Brücke zu sehen, es gelingt mir nicht. Da ich schon die Augen offen habe, sehe ich mich ausführlich um. Paare liegen nebeneinander, eine Mutter mit Sohn ebenfalls und mehrere junge Frauen, vermutlich studentische Singles mit je einem Buch vorm Gesicht.

Eine Frau mit hochgesteckten Haaren trägt drei Bierkrüge zu ihren Freunden. Ich schließe die Augen wieder und konzentriere mich bewusst auf die Geräusche um mich.

Dickwandige dumpf klingende Bierkrüge werden aneinander gestoßen: „Prost." „Zum Wohl."

Dezente Lautsprechermusik mit vermutlich südamerikanischem Einschlag mischt sich vom Kiosk her dazwischen. Jemand sortiert Leergut, klappert mit Flaschen und Plastikkisten. Kirchenglocken beginnen zu läuten, wollen gar nicht mehr aufhören. Ich erinnere mich an die Pestmauer vor der Kirche, die im späten Mittelalter die Kranken von den noch nicht angesteckten Menschen trennen sollte.

Die Glocken wollten doch schon immer etwas sagen. Zum Beispiel: ‚Komm in die Kirche zum Gottesdienst.' Oder: ‚Es ist schon sechs Uhr. Also Feierabend.'

Sie haben auch mir etwas mitzuteilen, nämlich: Es wird langsam Zeit, wieder zur Tanzschule zurückzufahren.

17. Juni 2014

32 Es klappert

Seit dem letzten Wechsel der Reifen klappert etwas in meinem alten BMW. Ich fahre noch einmal hin, aber der Monteur kann es sich nicht erklären. Alle Schrauben sind fest angezogen und Werkzeug fehlt auch nicht. Der Auspuff wackelt nicht und weder im Kofferraum noch beim Reserverad ist irgendetwas locker.

Aber wenn ich langsam über eine wellige Straße fahre, dann klappert es im Gehäuse. Da es hier reichlich wellige Straßen in der Stadt und der Umgebung gibt, klappert es auch regelmäßig. Mit zunehmender Lautstärke. Das nervt.

Mein Freund erzählte mir, dass auch er das gehabt hätte. Sein Auto französischer Genese wollte ebenfalls nicht verraten, was an ihm klappert. Drei Werkstätten gaben sich große Mühe, herauszufinden, ob und vor allem wo etwas lose sein könnte. Schließlich hatte er selbst die richtige Idee. Eine Mutter an der oberen Stoßdämpferbefestigung war nicht mehr fest. Er zog sie selbst mit einem Schraubenschlüssel an und weg war das Geräusch.

An meine BMW-Stoßdämpfer komme ich leider nicht heran, ohne das halbe Auto zu zerlegen. Als eines Tages der Schlauch meiner Scheibenwaschanlage, der links unten hinten irgendwo bestens versteckt ist, undicht wurde und Wasser ließ, musste ich zwangsläufig zur BMW-Werkstatt fahren.

Dann stand ich mit dem Berater unter dem hochgehobenen Auto und wir begutachteten die nach 17 Jahren nicht mehr ganz taufrische Unterseite meines treuen Gefährts. An der rechten Hinterachse war eine Gummidichtung nicht mehr ganz dicht und wir beschlossen, dieses Teil zu erneuern. Der Fachmann fügte hinzu: „Damit fangen wir mal an. Dann sehen wir weiter."

Ein paar Tage später bezahle ich 650 Euro, freue mich auf die geräuschlose Heimfahrt. Vergeblich. Irgendwo im Gehäuse klappert es genauso wie zuvor. Soll ich zurückfahren? Den nächsten Austausch von verdächtigen Teilen bezahlen? Mein Geld ist mir zu wertvoll für die weiteren Versuche.

In Hochheim bewundere ich auf meiner täglichen Radtour zufällig im Gewerbegebiet den total süßen riesigen wuscheligen Hund, der vor einer Werkstatt den Autos im Weg liegt. Ich komme mit seinem Herrchen ins Gespräch, erfahre, dass ich mit dem Chef spreche und klage gleich mal ordentlich über meinen Klapper-BMW. Er schlägt vor: „Bringen Sie ihn doch einfach mal her. Dann schauen wir mal."

Ich suche am nächsten Tag nach einer zuverlässig welligen Straße in der Nähe der Werkstatt als Teststrecke, finde sie, ohne lang suchen zu müssen und fahre in die Werkstatt. Einem schwarzhaarigen Monteur mit ziemlich südosteuropäischer Aussprache erkläre ich meine Klapperprobleme und will mit ihm die Probefahrt machen. Aber er winkt nur ab: „Fahren Sie mal auf die Bühne."

Er sieht sich sofort die rechte Vorderachse an, drückt gegen eine Stange, drückt sie mit dem flachen Handteller mehrfach kräftig nach oben. Und es klappert prompt ganz genauso, wie ich es mir ständig anhören muss. Er fragt grinsend: „Ist es das?"
„Ja. Genau das."
„Ist nicht schlimm. Nur die Pendelstangen."

Der Chef bestellt die Teile, ich lasse sie ein paar Tage später einbauen, zahle gerade mal 120 Euro, fahre danach störgeräuschlos und glücklich mit meinem Oldie nach Hause.

Tja, ich habe etwas gelernt, was BMW gar nicht gefallen kann. Weder der berühmte Name, noch die tollen Glasfronten oder die supermoderne Ausstattung sind wichtig. Man muss an die richtigen Mechaniker geraten. Und die können in den einfachsten Werkstätten arbeiten. Jetzt weiß ich, wem ich demnächst meinen Oldie anvertrauen werde.

Juni 2014

33 Grillfest

Fünfzehn amerikanische und fünfzehn deutsche Austauschschüler treffen sich heute Abend zum Abschiedsgrillen, beziehungsweise zur Fairwell Barbecue Party.

Unsere Tochter besuchte drei Wochen lang eine Schule in Washington. Sammie war nun zwei Wochen bei uns zu Besuch. Beide Mädchen sind 16 Jahre jung.

Gefeiert wird auf dem Gelände vom ,Frankfurter Verein für Luftfahrt von 1908 e.V.'. Vermutlich übten auf dieser Wiese vor 100 Jahren wagemutige Piloten, mit dem Doppeldecker zu fliegen. Mittlerweile starten hier nur noch Modellflugzeuge. Aber heute nicht, die deutschen Eltern mieteten den Platz, heizen den Grill an, verteilen Stühle, Tische und Decken, organisieren Getränke, holen Würste und Steaks aus den Kühlboxen.

Wie üblich, sorgen die Eltern für die Kinder. Mütter stellen Schüsseln mit sehr unterschiedlichen Salaten auf den langen Tisch im Vereinsheim. Das Licht brennt trotz Sonnenschein an der Decke. Das ist kein Problem, denn es kostet nichts. An der Steckdose steht ,Sun at work'. Oben auf dem Dach fangen bereits seit Jahren Solarzellen die Sonnenenergie ein.

Die vielen jungen Menschen tummeln sich lautstark um mich herum. Sie stellen Lautsprecherboxen direkt hinter mir auf, hängen ein Smartphone dran, drehen auf und ich wünsche mir Ohrstöpsel. So, wie es sich gehört, lächele ich freundlich, wippe mit dem Kopf und den Füßen im Rhythmus zu Rock und Pop.

Manche Mädchen präsentieren sich auffälliger als andere. Sie setzen sich nicht mal hin, sind ständig hüpfend, tanzend in Bewegung, lachen, rufen, singen. Fast alle Mädchen tragen Hot Pants, zeigen ihre langen Beine bis an ihr oberes Ende.

Nicht alle, Sammie trägt einen grau gemusterten Rock, sitzt alleine, mir gegenüber. Sie spricht deutsch mit mir, das verstehe ich sehr viel besser als ihr Englisch. In ihrer Muttersprache fällt sie nach wenigen Sekunden in ein derartiges Tempo, dass ich nur noch fragend gucken kann. In Deutsch kann sie das nicht, das ist gut so, auch wenn ihr immer wieder mal eine Vokabel nicht einfällt. Dabei verdrückt sie eine Riesenportion Salat. Dann setzt sie sich auf die Wiese und zeichnet in ihr Notizbuch.

Auch David ist anders. Er sitzt ebenfalls allein. An einem Tisch, auf dem sonst Modellflugzeuge startklar gemacht werden und zieht mit einem Strohhalm braune Flüssigkeit aus einer Flasche. Ich gehe zu ihm hin und wir reden über Autos. Er erklärt mir stolz, dass es im fortschrittlichen Amerika sogar bereits Elektroautos gibt.

Ich kann mich nicht bremsen und gehe in die Details, kenne nicht nur den Namen (TESLA), sondern auch den Batterietyp, die Reichweite und verrate, dass ich

ihn gern einmal fahren würde, weil er wie ein Sport-
wagen abgeht. David ist enttäuscht. Seine Neuigkeit
ist keine.

Die Eltern plaudern, genießen die klare warme
Abendluft. Frauen sitzen im Kreis und unterhalten
sich, ein paar Männer haben den Bierkasten entdeckt. Andere lassen sich vom Grill einräuchern und
wenden Würste und Fleischstücke.

Ich schaue mir die Asphaltpiste an, sehe links vor dem
Horizont ganze Serien von Hochspannungsmasten,
höre die nahe Autobahn. Rechts erkenne ich im leichten Dunst die Skyline von Frankfurt mit ihren Hoch-
häusern.

Meine Frau winkt mir zu, ich setzte mich neben sie
und ich freue mich: Sammie zeichnet nicht mehr allein. David sitzt neben ihr.

1. Juli 2014

34 Um Hochheim herum

Meist fahre ich nicht schnell, sagen wir, so um die 15 bis 20 km/h. Das ist zwar schneller als ein Jogger, aber sehr viel langsamer als ein Kampfradler. Kürzlich hätte ich einen beinahe ins Gebüsch geschickt. Selbstverständlich unabsichtlich. Schuld ist nach meiner Meinung der extrem schlechte Radweg neben der Straße nach Flörsheim, weil er eigentlich nur noch aus Schlaglöchern besteht. Deshalb fahre ich in Richtung Flörsheim eine sehr eckige Ideallinie, um mir und dem Rad die schlimmsten Stöße zu ersparen.

Als ich mal wieder einen heftigen Schwenk nach links machte, schrie ein solcher Sportsmann auf, weil er mich gerade in diesem Moment rasant überholte. Ein paar Zentimeter blieben ihm noch auf dem maroden Asphalt. Vor Autos und Motorrädern habe ich keine Angst beim Radeln, aber vor anderen Radfahrern. Die hört man nämlich nicht. Und das leise glockenhelle Bing-Bing der winzigen Fahrradglocke riss mich noch nie aus meinen Gedanken.

Ein paar Minuten später kommt wieder jemand seitlich von hinten: Ein weißer Schmetterling. Er begleitet mich eine ganze Weile und ich staune, wie schnell er flattert. Mein Tacho zeigt 18 km/h.

Immer, wenn ich unter der 380 kV Hochspannungsleitung hindurch fahre, fühle ich ein Prickeln am Bremshebel. Vielleicht versuche ich irgendwann einmal, mit einem Stück Draht als Antenne ein Lämpchen zum

Leuchten zu bringen oder mit dem Voltmeter die mit Strom gesättigte Luft zu messen.

Unter den hohen Bäumen setze ich mich auf eine alte wuchtige Holzbank. Vor mir liegen die grünen Weinberge, dahinter auf der anderen Mainseite breitet sich die angeblich modernste Automobilfabrik Europas aus. Hinten erkenne ich im Odenwald den auffälligen Melibokus. Ein untypisch spitzer und hoher Berg, im Geologenjargon ein „innerhalb der Erdkruste auskristallisierter Intrusivkörper". Alles klar? Darüber schweben sehr langsam interessante Wolken in Richtung Mainz. Unten sind sie grau und flach, oben sehen sie wie Watte aus, links eher grau, rechts fast rein weiß.

Ein Flugzeug nach dem anderen kommt von ganz hinten und fliegt nicht gerade leise auf seinen letzten Kilometern vor dem Flughafen Frankfurt an mir vorüber. Markus, der Lufthansapilot erzählte mir, dass er möglichst wenig mit dem Autopiloten fliegt. Power und Pitch von Hand machen Spaß und halten munter. Vor allem im Landeanflug.

Die Flugzeuge sind hier schon längst den drei Landebahnen zugeteilt. Manche fliegen über mich hinweg zur neuen Nordbahn, andere ein paar hundert Meter weiter südlich auf die mittlere Piste und wer über Opel hinwegdüst, landet auf der alten amerikanischen Landebahn. Wie viele nun bereits angeschnallte Menschen sitzen in jeder Maschine? 200? 300? 400? 500? Ich könnte mir Gedanken darüber machen, woher sie kommen, wohin sie heute noch fahren oder fliegen wollen, tue es aber nicht. Es würde sowieso nicht stimmen.

Ich fahre lieber wieder weiter, schaue mich um, ob ich nichts liegen gelassen habe. Wäre nicht das erste Mal, dass hinterher was fehlt. Auf dem Heimweg komme ich am Antoniushaus vorbei. Ein junger Mann sitzt an der Einfahrt im Rollstuhl, als würde er auf etwas warten. Er sieht sich jeden Fußgänger und jedes Auto an. Sein Blick und seine Körperhaltung drücken etwas Sehnsuchtsvolles aus.

An eine Straßenlaterne hat jemand ein rotes Herz geklebt. Einfach aus Spaß? Oder ist das ein Gruß an einen lieben Menschen, der hier immer wieder vorbei geht?

Nicht weit von unserer Garage entfernt steht eine mächtige Fichte. Der Besitzer hat voriges Jahr das obere Drittel abgesägt. Jetzt versuchen die darunter wachsenden Äste eine neue Spitze zu bilden. Es gelingt ihnen nicht, sie formen gemeinsam einen nach oben offenen Kelch.

Ich öffne das Garagentor, stelle das Rad hinein und gehe zur Haustüre. Die Bewegung an der frischen Luft tat richtig gut.

2. Juli 2014

128

35 Weinfest mit WM

Viel Wein hab ich nicht getrunken auf dem Weinfest. Das macht aber nichts, es gibt noch genügend andere Besucher. Zwei Termine ‚mache' ich für die Zeitung. Am Samstag die ‚Kunstmeile Hintergasse' und am Sonntag dann das Public Viewing des WM-Endspiels.

Am Samstag fahre ich mit der Fototasche hinten auf dem Rad zur Hintergasse, helfe dort erst einmal Herrn Krams einen alten Pferdegrubber auf die Straße zu schleppen und darf sein Gewicht schätzen. Das des Grubbers natürlich. Das Museumsstück zur Unkrautbekämpfung wiegt 83,6 kg. Mit den von mir geschätzten 50 kg liege ich voll daneben.

In der Hintergasse schaue, knipse und frage ich dann fleißig, als Materialsammlung für den Zeitungsartikel. Und das kam dabei heraus:

Kunst und Kunsthandwerk
Über der Einfahrt in die Hintergasse verkündet ein großes Transparent: ‚Künstlermarkt & Weinhöfequartett'. Dass hier an 4 Plätzen Wein angeboten wird, ist angesichts der am Weinfest beteiligten 28 Weingüter nicht besonders überraschend. Bemerkenswerter ist die Idee, auch in diesem Jahr die Altstadtgasse in einen Künstlermarkt zu verwandeln. Gleich gegenüber dem Weinstand der Stadt Hochheim, an dem Bürgermeisterin Angelika Munck persönlich Wein ausschenkt, können Kinder gemeinsam mit ihren

Eltern den berühmten Hochheimer Keltenspiegel mit Silberfolie und Knetmasse nachbasteln. Dann folgen gleich die Stände mit Geschenkartikeln, bunten Fähnchen, handgefertigter Kinderkleidung, Ketten, Ringen, Grußkarten, Schmuck und Spielwaren zugunsten Bedürftiger in Vietnam, lustiger Tierfiguren aus Holz und glasierter Keramik, Klangschalen, Kunstblumen und immer wieder handgefertigte Schmuck- und Kleidungsstücke. Wo die Stände enden, hängt an der Mauer zum Pfarrgarten eine interessante Fotoausstellung von hochheim-feiert.de mit Bildern von früheren Weinfesten.

Die Hochheimerin Gabi Munk, selbst in der Hintergasse zuhause, bietet in ihrem Stand einen ganz besonderen Weinglashalter an: Sie hatte die wollenen Teile angesichts der anhaltenden Fußballbegeisterung in Schwarz-Rot-Gold gehäkelt. Die schick und handwerklich gut verarbeiteten Halter mit Band finden reißenden Absatz. Bald waren die vorbereiteten Stücke verkauft: „Und jede Menge Bestellungen hab ich. Heute muss ich eine Nachtschicht einlegen."

Der absolute Hingucker sind jedoch die von Kindern gemalten Bilder in der Hintergasse 8. Doris Strobel, die schon in den vergangenen Jahren Bilder von Künstlern in ihrem Hof ausgestellt hatte, verwirklichte eine vorbildliche Idee: „Da ich schon lange für das Kinderhilfswerk UNICEF ehrenamtlich tätig bin, dachte ich mir: Mach hier in Hochheim was mit den Kindern, die sind kreativ und haben richtig Spaß am Malen. Nach dem Brunnenprojekt, bei dem wir den zweiten Klassen der Weinbergschule die Wassernot in Äthiopien nahe bringen konnten, stellten wir jetzt hier im Hof lange Tische auf, kauften Leinwand und Farbe und lassen Kinder Bilder malen, die mit Wasser zu tun haben. 8,50 Euro sind zu begleichen. Davon gehen nach Abzug der Materialkosten 5 Euro an das Brunnenprojekt der UNICEF."

Doris Strobel teilt ständig gut gelaunt Leinwand, Pinsel und Farbe an die Kinder aus und freut sich zusammen mit ihren Helfern über die vielen Teilnehmer. Viel Lob bekommt sie und ihr Team für die Aktion: „Das ist eine Klasse Idee!"

Auch Erwachsene beteiligen sich und malen mit Acryl bunte wasserbezogene Bilder, die dann an einer langen Wäscheleine aufgehängt werden. Frau Strobel erzählt dazu: „Sogar ein 85jähriger Hochheimer war interessiert, überlegte lange, sprach mit den Helfern und Kindern, getraute sich aber wegen der neugierigen Zuschauer im letzten Moment dann doch nicht zu malen."

Soweit der Zeitungsartikel.

Weltmeisterschaft

Am Sonntagabend sieht das Wetter gar nicht vielversprechend aus, doch das Wetterradar im Internet irrt sich Gott sei Dank und es bleibt vorerst einmal trocken. Ich stelle mir ein Zeitungsfoto im Dämmerlicht vor. Damit man die (hoffentlich) jubelnden Zuschauer im Vordergrund noch gut erkennen kann, die Videowand soll auch gut zu sehen sein. Möglichst mit einem sensationellen Torschuss. Die Frage ist, ob überhaupt jemand während des WM-Endspiels zum Weinmarkt geht. Die Buden sind dann tatsächlich zu und nur an den Videowänden sitzen oder stehen die Hochheimer mit Wein- oder Biergläsern in der Hand.

Das Foto bekomme ich im Hochheimer Hof tatsächlich ganz gut hin. Der Text fällt mir erst nicht leicht, aber dann kommt doch noch was Ordentliches zustande. Hier ist der Artikel:

Nach vielen Jahren gab es am Sonntagabend mal wieder einen Straßenfeger. In Hochheim fuhr kein Auto mehr, nur ein paar Frauen gingen plaudernd spazieren, Kaninchen hoppelten über den Asphalt. Denn: Im Fernsehen wurde das Endspiel zur Fußballweltmeisterschaft übertragen. Selbst auf dem Weinfest hatten die meisten Stände geschlossen, nur in den Public Viewing Areas standen dicht gedrängt ungeduldige aufgeregte Fußballanhänger. Deutschland spielte gegen Argentinien um den Titel der besten Fußballmannschaft der Welt.

Aus Berlin wurden von der Fanmeile 250.000 Besucher gemeldet, in Hochheim waren es paar weniger. Doch auch sie standen oder saßen vor mehreren großen Projektionsflächen auf dem Weinmarkt und bangten. Denn es ging knapp zu, kleine Fehler oder Zufälle konnten alles entscheiden. Unsere Spieler gaben alles. Man hörte von den Hochheimern immer wieder Sätze wie: „Die schaffen es!" Auch mal: „Wir schaffen es!" Oder: „Das war eng!"

Der Schiedsrichter war großzügig, wollte offensichtlich das Spiel nicht durch harte Konsequenzen entscheiden, obwohl so mancher mit schmerzverzerrtem Gesicht liegen blieb, halb bewusstlos oder blutend von Platz ging. Er hätte mehr gelbe und sogar rote Karten geben können. Mündliche Verwarnungen oder normale Freistöße mussten es auch tun. Als Mario Götze in der 113. Minute das lange erhoffte Tor bravourös schoss, war der Titel zum Greifen nah, Arme gingen hoch, beklemmende Schlussminuten mussten durchgestanden werden. Erst als Messi seinen Freistoß in Richtung Tribüne verschossen hatte und der Schiedsrichter endlich abpfiff, kannte der Jubel keine Grenzen mehr. Die Zuschauer riefen sich „Hurra" zu, lachten, tanzten und kommentierten lautstark, was ‚unsere Jungs' oben auf der Leinwand erschöpft bestätigten: „Wir haben geackert, uns gesteigert, sind unseren Weg gegangen. Wir haben es geschafft und sind megastolz."

Ende des Zeitungsartikels.

Nun verlegt sich das Leben vom Maracana-Stadion wieder zurück auf die heimischen Straßen. In vielen Städten fahren Autokorso. Auch in Hochheim. Fans schwenken in Cabrios sitzend schwarzrotgoldene Fahnen oder jubeln aus zu engen Autofenstern heraus den nun wieder die Straßen bevölkernden Menschen zu. Überall tragen Frauen und Männer dreifarbige Schals, Mützen und T-Shirts. Am Königsberger Ring versammeln sich Hunderte Fans um den Kreisel. Sie konsumieren kastenweise Bier, öffnen Weinflaschen, zünden Feuerwerkskörper und Böller. Selbst an Sylvester war hier nicht mehr los gewesen.

Leider bleibt auch die Vernunft zeitweise auf der Strecke. Autos fahren mit Höchstgeschwindigkeit und quietschenden Reifen im Kreis, als wollten sie testen, wann der Wagen ausbricht. Angesichts der viel zu nahe dran stehenden Zuschauer des Spektakels eine lebensgefährliche Situation. Endlich kommt die Polizei und stellt sich den Wahnsinnigen mutig mit ihrem Streifenwagen in die Quere und beendet das Schauspiel, zum Ärger einiger Fans. Ein selbstbewusster Beamter holt den jugendlichen Fahrer aus seinem Wagen heraus. Er vergibt weder eine gelbe noch eine rote Karte, sondern hält ihm eine Standpauke.

Als der Streifenwagen die Fahrbahn wieder freigibt, steigt der junge Mann gut gelaunt unter dem Gejohle seiner Fans ein und fährt davon. Wieder mit quietschenden Reifen.

Die Polizei entscheidet, den weiteren Ablauf durch ‚Präsenz' zu zügeln. Zwei Streifenwagen stehen noch lange zu beiden Seiten des Kreisverkehrs. Erfolgreich. Niemand kommt zu Schaden.

13. Juli 2014

36 IKEA

Angenehm ist es draußen, blauer Himmel, Sonne, einige wenige Wölkchen. Das Thermometer, das ich immer vor der Abfahrt befrage, zeigt 21 Grad. Ich beschließe eine schon lange nicht mehr gefahrene Strecke. Über Feldwege will ich zu IKEA radeln. Ich nehme den Family-Ausweis mit, mit dem bekomme ich in der Cafeteria die Getränke gratis.

Nicht, dass ich mir den Kaffee nicht leisten könnte, aber es ist eine schöne Geste und vor allem eine ganz alte Gewohnheit. Vor Jahren konnte man eine Tasse erwerben und mit ihr dann ein Jahr lang beliebig oft IKEA-Kaffee trinken. Damals fuhr ich öfter nach Wallau als heute. Immer mit der Tasse im Gepäck. Es war einfach ein nettes Geschenk, eine wohlmeinende Geste.

Ich fahre am noch leeren Spielplatz und an der Apfelplantage vorbei, überquere die Brücke, amüsiere mich über die künstlerisch gestalteten weißen Riesensessel, in denen ich noch nie jemand sitzen sah und fahre unter dem mir gut bekannten Nussbaum hindurch. Hier liegen im September manchmal Walnüsse auf dem Weg. Ins Gras oder auf den Acker gehe ich nicht mehr, seit ich mir Zecken, Milben oder sonst irgendwelche Krabbeltiere eingefangen hatte.

Außerdem dämmerte mir, dass das Nüsse sammeln auf fremden Grundstücken nichts anderes als Diebstahl ist. Es sei denn, die Bäume stehen auf öffentlichem Grund.

Rechts hinter den Büchen liegt nun der Silbersee. Ich hoffe, er ist es. Durch den Kiesabbau entstanden einige Seen und der eine bezeichnet diesen und der nächste einen anderen Teich als Silbersee. Er glänzt wirklich silbern im Gegenlicht, also muss er es auch sein.

Der Angelsportverein kümmert sich um das Gewässer. Die Angler setzen Fische ein, achten darauf, dass es ihnen gut geht und angeln sie dann wieder heraus. Dazu sprühen zeitweise elektrische Pumpen Wasserfontänen in die Luft, damit das stehende Gewässer und seine Bewohner mehr Sauerstoff bekommen.

Voriges Jahr hatte ich den Auftrag, einen Zeitungsartikel über das Sommerfest der Angler zu schreiben. Der Termin war so, wie ihn sich ein Journalist wünscht. Das ist durchaus erwähnenswert, da es auch andere Termine gibt, bei denen einem das Gefühl beschleicht, nur geduldet zu sein. Wenn man sich nicht vehement dagegen wehrt, muss man womöglich auch noch Eintritt bezahlen: „Ich bin nicht zum Vergnügen da. Ich arbeite gerade."

Meist läuft es aber besser: „Wir haben für Sie einen schönen Platz reserviert, von dem aus sie auch gut fotografieren können. Sagen Sie mir, wenn wir etwas für Sie tun können."

Bei den Anglern fühlte ich mich schon am Eingang ganz besonders wohl: „Guten Tag, schön, dass Sie zu uns gekommen sind!"

Der Vereinsvorstand ließ seine Gesprächspartner stehen „Einen Moment bitte" und kam hinzu geeilt: „Ich begrüße Sie sehr herzlich im Namen des Vereins."

„Danke. Sehr nett von Ihnen."

„Darf ich Ihnen etwas anbieten?"

Zum Getränkekiosk schallte der Ruf hin: „Der Herr ist von der Presse, er kommt gleich und sagt selbst, was er trinken möchte."

Das hört man gerne und da fallen einem wie von selbst ausgesprochen wohlwollende Sätze ein. Zwar ist mir schmerzlich bewusst, dass der Mann nicht mich persönlich, also den privaten Dietmar Elsner so gern hat, sondern den Zeitungsmann, der einen möglichst positiven Artikel schreiben soll. Das muss man aushalten, und es ist auch gar nicht schwer, wenn es gleich so weitergeht: „Soll ich Ihnen etwas über die Geschichte des Vereins erzählen? Oder möchten Sie erst etwas essen? Unsere gegrillten Forellen sind gerade fertig."

Heute ist es ruhig am See, die Sprudler liegen still im Wasser, niemand ist am Vereinshaus. Nur ein Zweimannzelt steht auf der Wiese. Ob jemand drin liegt? Egal. Ich fahre weiter in Richtung Norden.

Ich fahre an einer neuen Scheune vorbei, der Weg ist frisch asphaltiert. Hier wurde offensichtlich investiert und der marode Feldweg zu eine brauchbaren Straße verwandelt. Aber bestimmt nicht für die Radfahrer.

Ein Wiesbadener blauweißer Polizeiwagen überholt mich langsam. Die beiden Beamten fahren sichtlich Streife. Das ist auch neu und es nicht schwer zu erraten, warum: Die Amerikaner bauen den alten Flughafen Erbenheim zum Europa-Hauptquartier der US-Streitkräfte aus. Heidelberg wird aufgelöst, zahlreiche Wohnhäuser und Bürogebäude hinter Stacheldraht gebaut. Die meisten Wohnhäuser sind schon bezogen.

Laut SPIEGEL bekommen hier nicht nur die Generals, Lieutenants und Colonels schöne neue Wohnungen gebaut. Auch die Aufklärung zieht bald in einen großen, nüchtern und unfreundlich wirkenden Block inmitten des Kasernengeländes. Noch drehen sich die gelben Kräne. Aber bald wird uns die NSA gut behüten, denke ich und wir können so richtig sicher und ruhig schlafen. Wenn uns nicht gerade die Hubschrauber mit Nachtübungen verwöhnen.

Rechts kann ich schon die riesigen gelben Buchstaben auf blauem Grund sehen, noch klein, noch weit entfernt, aber ich nähere mich unaufhaltsam. Jetzt wieder auf maroden Betonplatten mit Unkraut in den gewollten und ungewollten Fugen.

Ich denke über den Namensgeber der Kaserne nach, es war Lucius Clay, der Luftbrückengeneral während der Berlinblockade. Ich habe das Gefühl, dass sich die

Amerikaner hier noch wie eine Besatzungsmacht benehmen. Aber mir kommt auch der Irak, Afghanistan, die Taliban, die I.S. in den Sinn und denke schließlich ganz allgemein über Krieg und Frieden nach, während ich in der noch frischen Morgenluft weiter nach Osten fahre.

Drei Streithähne führen mir vor, dass es auch im Tierreich nicht immer friedlich zugeht. Zwei Raubvögel vertreiben über dem abgeernteten Feld lautstark einen dritten. Der wird solange im Flug attackiert, bis er davonfliegt.

Das Gewerbegebiet rechter Hand hat sich seit meiner letzten Fahrradtour ausgeweitet. Auch Delkenheim baut. Dahinter steht der spitze Kirchturm wie ein Scherenschnitt im Gegenlicht. Faulender schwarzgrauer Kompost am Wegesrand riecht streng.

Eine Krähe zetert vom Hochspannungsmast herunter und gibt krächzend allen, die Ohren haben, also auch mir kund, dass es sie gibt. Im linken Stoppelfeld stehen Reiher und Störche. Ich zähle, erkenne insgesamt zwölf Vogelköpfe. Ich komme näher, die Reiher fliegen davon, die Störche bleiben sitzen, schauen nicht einmal zu mir hin. Ein wenig mehr Aufmerksamkeit hätte ich schon erwartet.

Von der A66 her höre ich das Rauschen der Fahrzeuge, dann noch ein weit entferntes Martinshorn. Nach den Schrebergärten beginnt wieder der Asphalt. Auch er ist nicht neu, aber ohne Risse. Darüber könnte ich wieder einmal ausführlich philosophieren: Der harte Beton bricht, wenn er belastet wird. Der elastische Asphaltbelag gibt nach, verformt sich ein wenig und bleibt heil. Die Menschheit könnte viel daraus lernen! Sie brauchte nur die Oberfläche dieses Weges als Lehrmeister anzuerkennen.

Zwei Hunde ohne Leine tummeln sich am Wegesrand. Ich spiele ‚Beton‘, gebe nicht nach und fahre auf dem kurvigen Weg stur weiter. Sie schauen mich zwar streng an, aber Herrchen pfeift sie zurück. Am Autobahnzubringer ändere ich mein Verhalten lieber und spiele ‚Asphalt‘, gebe also nach und lasse großzügig den LKWs die Vorfahrt.

Drüben lese ich auf einer neuen Fabrikhalle doch tatsächliche ‚Asphaltwerke‘. Aha! Diese Firma hilft der Welt nachzugeben. Ich fahre an Bergen von Schotter jedweder Körnung vorbei. Hier wird heftig recycelt. Das sind bestimmt gemahlene Häuser und Autobahnen, die hier auf Wiederverwendung warten.

Der Weg hat jetzt leider eine ähnliche Konsistenz: Steine, Erde, Sand, Schotter. Aber das Ziel ist noch nicht erreicht, da muss mein armes Rad eben durch. Die Gabelfederung muss heftig arbeiten, tut einen guten Job und schont meine Handgelenke einigermaßen.

Doch dann wird es ernst. Zwischen die fast idyllisch anmutende Landschaft mit ihren Erdbeerfeldern samt blumenbestandenem ICE-Bahndamm und den IKEA-

Komplex haben die Verkehrsplaner die A66 gelegt. Zuzüglich der Anschlussstelle Wiesbaden-Wallau und dem Autobahnkreuz Wiesbaden. Dazu kommt noch die ICE-Trasse, die zwar im Tunnel fährt, genau hier aber wieder das Tageslicht erblickt. Schwer was los, könnte man salopp sagen.

Wer war eigentlich zuerst da? Natürlich die Idylle. Aber sie wurde mit großem Aufwand ständig ergänzt und vor allem autogerecht gestaltet.

Der Lärm ist gewaltig. Mir fällt ein, dass ich die dritte Dimension vergaß. Auch oben tut sich was. Genau hier kreuzt auch die Einflugschneise für den Flughafen der Amerikaner das Autogewusel. Das macht keinen Spaß hier, aber nun bin ich schon mal so weit gefahren, jetzt gilt: Ohren anlegen und durch. Ich fahre relativ unmotiviert auf den vor mir liegenden Verkehrsmoloch zu. Aber der Weg hat ja ein Ziel. Der Kaffeeautomat in der IKEA-Kantine muss es richten.

Links kann ich jetzt die tiefe Schlucht mit den glänzenden Gleisen sehen. Aus diesem Loch kommt hin und wieder ein ICE aus dem Tunnel und rollt mit geschlossenen Fenstern nach Wiesbaden.

Von rechts strömen die ungeduldigen Autos, die aus Wiesbaden kommen und hier die A66 verlassen. Sie werden von einer Ampel einigermaßen in Schach gehalten. Ich fahre neben dem Verkehrsstrom auf einem Fahrradweg unter der Autobahn hindurch. Jetzt geht es erst richtig los. Hier fädeln sich die Autos von Osten her ein. Also aus Richtung Frankfurt, Köln, Kassel, Darmstadt und Stuttgart. Ich zähle dreizehn Fahrspuren, mit meinem Radweg sind es sogar vierzehn.

Wollen die wirklich alle zu IKEA, die da hereinfluten, sich einsortieren, brav blinkend, kaum drängelnd. Die Ampelanlage hat die Rolle des Dompteurs übernommen und bändigt dieses Gewusel.

Auch Radfahrer werden sicher auf die andere Seite geleitet, sofern sie mittels einer gelben Taste um Beachtung bitten. Nun bleiben tatsächlich alle PKW und LKW stehen und ich darf ganz alleine alle Fahrspuren überqueren. Toll. Das hebt das Selbstbewusstsein! Zu recht. Schließlich fahre nur ich alleine tatsächlich biologisch ökologisch und ökonomisch zugleich. Ich verbrauche auf 20 Kilometer gerade mal eine halbe Tafel Schokolade (oder ein Äquivalent).

Gleich nach der Ampel, die Autos brausen bereits wieder, hat irgendjemand absichtlich oder versehentlich das nächste Hindernis aufgebaut. Ein steiler unbefestigter Weg, vom letzten Regen ausgewaschen, führt zwischen den Büschen eine steile Böschung hinauf. Da versagt auch meine 21-Gangschaltung, ich schiebe.

Oben bleibt es schwierig für Radfahrer. Von links kommen aus der McDonalds-Kurve die kaufwütigen Autofahrer angeschossen, als müssten sie sich beeilen, um die allerletzten 10 Quadratmeter für ihr Gefährt zu erhaschen.

Auch hier schiebe ich lieber. Wenn schon, dann soll der Autofahrer, der mich umlegt, ein schlechtes Gewissen und schlechte Karten vor Gericht haben. Fußgänger sind schwach, keine gleichwertigen Kampfgegner und somit rücksichtsvoll und schonend zu behandeln.

Endlich stehe ich drüben an der Ecke des überdimensionalen fensterlosen Gebäudes mit den größten Buchstaben an der Fassade, die ich jemals zu sehen bekam. Ich kann sie schlecht schätzen. Sind sie zwei, drei oder gar vier Meter hoch?

Den überdimensionalen Megaparkplatz verschmähe ich und stelle mein Rad neben die Einfahrt für die massenhaft ineinander geschobenen Einkaufswagen. Ich schließe es ab, entgegne den Gruß der freundlich unsicheren Raucherin vor der winzigen Türe und strebe der riesigen Drehtür zu. Ich lasse mich einschleusen, stehe in der Halle vor der Rolltreppe. Ich bin da. Ich bin angekommen. Nicht der Weg war das Ziel, sondern der Weg hatte ein Ziel: Eine kostenlose Tasse Kaffee in der Cafeteria von IKEA.

Ich lasse mich hinaufrollen und fühle fast körperlich: Hier gehöre ich dazu, ich werde mit Du angesprochen, bin sozusagen unter Freunden. Nein, alleine bin ich wirklich nicht. Die typischen IKEA-Kunden bevölkern auch die Cafeteria: Junge Frauen, junge Mütter, manche noch mit dem Baby im Bauch. Ich kann sie alle hören, vor allem die Kinder in der Spielstation.

Soll ich wirklich nur eine Tasse Kaffee trinken? Wo das Frühstück so billig angeboten wird. Unter durchsichtiger Folie wartet es in der Vitrine auf Kunden. An dieser Vitrine muss man vorbeilaufen, wohl nicht zufällig. Dazu die Werbung für Frukost: Lachs, Salami, Käsescheibe, Butter, Marmelade, ein grünes Blatt, zwei Brötchen und Kaffee. Alles für 1.95 €. Sieht gar nicht so schlecht aus. Ich nehme mir doch noch ein Tablett und Besteck und stelle Frukost drauf. Meinen Family-Ausweis brauche ich nicht, den Kaffee bekomme ich auch so.

So funktioniert Marketing! Ich wollte nur eine Tasse Kaffee und suche mit einem ganzen Frühstück auf dem Tablett nach einem Tisch.

Es wuselt. Alle laufen vor den Kaffeeautomaten kreuz und quer: Mütter, eine sogar schwarz totalverschleiert, dazu umherrennende Kinder, keine Väter, aber ein paar Rentnerpaare.

Ich sitze an einem Fensterplatz, sehe aber hauptsächlich nur viele ordentlich aufgereihte Autos, die auf Möbel und Pappkartons warten. Weil ich ja hier zur Familie gehöre, räume ich auch ordentlich auf, stelle mein Geschirr aufs Fließband und schaue zu, wie alles hinter den Kulissen verschwindet. Familie? Bei uns zuhause gibt es kein Förderband für schmutziges Geschirr.

Ich habe noch Zeit und schlendere durch die verschlungenen Pfade des Möbelhauses. Mal gefällt mir dies, mal das. Aber ich bin perfekt vor Spontankäufen geschützt. Wie? Ich bin mit dem Fahrrad da und ins Körbchen hinten passen keine Möbelstücke! Intelligent, was?

Aber die IKEA-Verführer haben noch weitere Pfeile im Köcher: An allen Ecken und Enden liegen Notizzettel und kleine Bleistifte. Damit ich alles aufschreiben kann, was ich nächstes Mal zu kaufen habe.

Zu wenig Geld mitnehmen hilft auch nicht. EC- und Kreditkarten hebeln diese Bremse locker aus. Am Ausgang haben sich die Verkaufsprofis noch etwas ausgedacht, speziell für Radfahrer mit kleinem Körbchen: Lieferservice und Mietwagen stehen bereit.

Ich glaube, es gibt nur eine einzige wirklich funktionierende Bremse: Eine vernünftig zusammengestellte Einkaufsliste und der eiserne Wille, sich daran zu halten.

Mit dieser Erkenntnis steige ich unten wieder aufs Rad und schaue mir die Häuser, Brücken, Bäume und Blumen, die mir auf dem Hinweg begegnet waren, nun von der anderen Seite an.

28. Juli 2014

37 Nach Kostheim

Meine Fahrradrunde ruft und zieht mich nach draußen. Ich widersetze mich nicht lange, hole gleich nach
dem Frühstück das Rad aus der Garage und fahre los.

Die große Wiese vor dem Spielplatz ist mit rotweißen
Flatterbändern abgrenzt. An den Bäumen hängen
Hinweisschilder: „Liebe Hundebesitzer. Bitte nicht
hier. Vom 25.8. bis 5.9. findet auf diesem Gelände für
240 Kinder das Ferienspiel ‚Sommerstadt' statt.“

Eine ganze Bande Kaninchen hoppelt aufgeregt im
Gras hin und her. Die Wege sind noch leer, nur eine
ganz in Weiß gekleidete Joggerin läuft elegant fe-
dernd an der Apfelplantage entlang. Mir versperren
die fast drei Meter hohen Maispflanzen zu beiden
Seiten des Weges wie eine Mauer den Blick auf die
Landschaft. Naja, zumindest ist die Mauer grün. Im
Internet hatte ich gelesen, warum so viel Mais ange-
baut wird. Er landet als Bioethanol im Superbenzin
und wird als E10 im Motor verbrannt. Gehören Le-
bensmittel in den Tank?

Links erkenne ich im Unkraut die vermoderten Reste
von Baumstämmen, auf denen früher die Kinder ba-
lancierten. Bakterien und die Pilze verrichten ihr
Werk, bald wird nichts mehr von ihnen zu sehen sein.

Den Grillplatz gibt es nicht mehr. Nur noch das Fundament der Schutzhütte ist übrig geblieben. Die Stadt
hatte keine Lust mehr, ständig die beschädigten Bau-

teile zu ersetzen. Vandalismus nennt man das. Leider passiert das auch im sonst so friedlichen Hochheim.

Über Hunde und ihre Begleiter kann ich mich immer wieder amüsieren. Am Wegrand stellt sich eine Frau, die mich entdeckt hat, aufrecht, erhebt den Zeigefinger und spricht ein Zauberwort. Der Hund kommt, setzt sich vor sie hin und schaut aufmerksam in ihr Gesicht. Ich kann grüßend und ungefährdet vorbeifahren. Ein paar Meter weiter beobachte ich genau das gleiche Schauspiel und dann sogar noch ein drittes Mal. Immer steht eine Frau in aufrechter Haltung da, mit erhobenem Zeigefinger und einem brav davor sitzendem Hund.

Ich fahre über die Bundesstraßenbrücke hinweg, abwärts pfeift mir dann der Wind ganz schön um den Kopf. Ich ziehe den Reißverschluss der Jacke hoch bis ans Kinn.

Rechts hinter der ehemaligen Baumschule, die derzeit ein Stoppelfeld ist, steht der neue Sternenhof. Der alte musste der amerikanischen Housing Area weichen, wegen der Gerüche. Schwarzgefleckte Schweine lebten dort im Freien. Ein paar hundert Meter weiter entfernt ist nun alles wunderbar neu und sauber. Anstelle von grunzenden Schweinen sollen nun Pferde in den Boxen wiehern.

Die Sonne kommt heraus, scheint auf meinen Rücken. Das tut gut. Ich erreiche die alte Römerstraße, fahre über die extrem befahrene, laute Autobahn. Ich las irgendwo, dass derzeit an jedem Tag mehr Menschen unterwegs sind, als während der ganzen Völkerwanderung.

Es geht steil bergab auf der kerzengeraden Straße in Richtung Kastel. Drei walkende Frauen füllen den Weg auf seiner ganzen Breite. Ich klingele, sie bemerken die Straßensperre und gehen lachend zur Seite.

Die Nussbäume rechts und links versprechen eine reiche Ernte. Mainz taucht im Hintergrund auf. Am Sandsteinkruzifix halte ich an. Ich wollte immer schon die Informationstafel durchlesen. Jetzt weiß ich, dass das Kreuz 1783 von Franz Kaltenbach und seiner Gattin Gertrus gestiftet wurde. Aber auch, dass man aus dem römischen Gräberfeld unten in Kastel einen Grabstein heraufgeschleppt und als Fundament zweckentfremdet hatte. Die alte Römerstraße, die auch Elisabethenstraße oder Steinern Straß genannt wird, gehört zu einem sehr langen Weg quer durch Europa. Die Via Regia, auf der gerade mein linker Fuß steht, führt von Santiago de Compostella über Mainz, Frankfurt, Leipzig und Görlitz bis nach Kiew.

Ich bin beeindruckt, biege nach links in Richtung Kostheim ab und fahre den Steigweg hinunter. Diesmal werde ich nicht von Mais, sondern von Weinstöcken begleitet. Nasser Sand liegt auf dem Asphalt, vom letzten Gewitterregen angeschwemmt. Rechts taucht ein großes weißes Schild auf. Es klärt den Wanderer darüber auf, dass hier der Weinberg der Wiesbadener Weinköniginnen beginnt. Alle bisherigen Weinköniginnen der umliegenden Orte sind mit ihrem Majestätsnamen aufgeführt. Sie erhalten lebenslang ein paar Flaschen Wein von diesem Weinberg geschenkt. Als Dank für ihre Dienste.

Weingüter reihen sich nun aneinander: Valentin Haupt, Karl Frosch, Theo Scherbaum. Ein arbeitsloser Planwagen steht links auf der Wiese. Im nächsten Winzerhof macht ein Tankwagen seinen unangenehmen Job. Offensichtlich sind die Winzer hier nicht an die Kanalisation angeschlossen und die menschlichen Exkremente werden aus einem unterirdischen Zwischenlager abgepumpt. Es stinkt fürchterlich.

Verfallene idyllisch wirkende Holzzäune wechseln sich mit nagelneuen Elektrozaunbändern der Pferdekoppeln ab. Unter einer wuchtigen Platane, sie ist als Naturdenkmal gekennzeichnet, plätschert leise eine Quelle. „Kein Trinkwasser" steht an der Umfassungsmauer. Ich sah schon Leute, die sich große Wasserflaschen abfüllten. Danach folgt ein Feld mit Weihnachtsbäumen. Mittlerweile ziemlich ausgedünnt stehen sie da, die Fichten und Tannen und zeigen kerzengerade in den Himmel. Eine schlank gewachsene Tanne gefällt mir besonders, ich sollte Weihnachten daran denken.

Die drei Frauen kommen mir wieder entgegen, sperren wieder die Straße, erkennen mich, lachen, machen den Weg für mich frei. Ich bedanke mich. Es geht bergan, weiter vorne gibt ein Jogger auf und schreitet lieber langsam voran. Er trägt ein rotes T-

Shirt, eine schwarze Hose, lediglich die Beine sind nicht wirklich golden.

Das Weingut Anton Bopp folgt, hier kaufte ich bereits vor Jahren recht guten Wein. Erst als Geschenk an einen Professor, der in seiner Studentenzeit nicht nur in Kostheim gewohnt, sondern hier auch fleißig gebechert hatte. Nachdem er sich nicht sofort und gebührend für die erste Flasche, also die Kostprobe bedankt hatte, tranken wir den Rest selbst zuhause aus.

Ein Riesentraktor mit gefüllter Ladeschaufel will mich überholen. Ich flüchte vorsichtshalber zwischen die Weinstöcke. Seine Reifen sind größer als ich. Der Fahrer bedankt sich winkend für meine Vorsichtsmaßnahme.

Der Weg wird nun eben, rechts hinter der Hecke meckert eine Ziege. Dann folgt schon wieder Mais, soweit das Auge reicht. Ich überhole den Jogger, der wieder zu laufen begonnen hatte. Ich hatte mich getäuscht. Es ist eine betagte Frau. Mit beängstigend verzerrten Gesichtszügen keucht sie am Weg entlang.

Dann plätschert der Käsbach neben mir zwischen den Weiden und Birken. Es geht zwischen Bäumen und Büschen bergauf, ich umfahre auf dem nassen Weg etliche Nacktschnecken, die meinen, auf der anderen Seite des Weges läge das Paradies. Und schon wieder wird meine Sicht von einem Maisfeld eingeschränkt. Jetzt brauche ich nur noch am Regensammelbecken vorbei und unter der Autobahn hindurch zu fahren und schon bin ich wieder in Hochheim angekommen.

Bunte Blumen blühen in den Vorgärten der Einfamilienhäuser. Neben goldgelben Sonnenblumen steht ein weißes Auto mit Hochzeitsbändern an den Außenspiegeln. Die riesige Trauerweide auf der linken Seite lässt ihre Äste hängen und berührt mit ihren Zweigen das Gras der Wiese. Majestätisch steht sie da, auch ein wenig melancholisch. Ich mag diese Stimmung.

Jetzt fahre ich nur noch ein paar Meter an den Nachbarhäusern vorbei, dann bin ich zuhause.

Mir ist auch heute warm geworden vom Bergauffahren. Das geht mir immer so. Der Ortsname ist kein Zufall.

Nach Hochheim geht es von überall her bergauf.

14. August 2014

38 Mamma Mia

Es ist Samstagvormittag und es wuselt in der Innenstadt. Zusätzlich zu den geöffneten Geschäften kaufen die Leute am Wochenmarkt ein. Ich schiebe mein Rad lieber, schließlich möchte ich mich nicht unbeliebt machen.

Im hinteren Bereich des Wochenmarktes ist noch mehr los. Mamma Mia veranstaltet seinen Freiluft-Flohmarkt. Auch Second-Hand-Basar genannt. Mindestens zwanzig Mütter stehen hinter Ständen, die alle verdächtig nach Tapeziertisch aussehen. Dazwischen haben Kinder Decken auf der Erde ausgebreitet. Sie bieten ihre Spielsachen an, um sich ein kleines Taschengeld zu verdienen. Mir fällt auf, dass die Mütter ziemlich feste Preisvorstellungen haben, die Kleinen haben Spaß am Handeln, loben ihre Sachen und versuchen, möglichst hohe Preise zu erzielen.

Ich schlendere an den Ständen entlang. Was da alles angeboten wird: Ich sehe Kinderbücher: Erstes Lesen, Hanni und Nanni, Enid Blyton, Aladin, Arielle, König der Löwen, dann alle möglichen Spiele, Puzzles, auch einen Laufstall. Daneben ein großer Koffer, aus dem Teddys und Puppen herausquellen, obenauf noch eine langhalsige Giraffe und ein Zebra.

Die Geschäfte folgen einem festen Ritual: Erst gucken, dann nach dem Preis fragen, anprobieren oder ausprobieren, diskutieren und schließlich die Entscheidung: Ja oder Nein.

Kinderkleider hängen auf schwarzen Bügeln vorne am Tapeziertisch. Bettwäsche liegt dahinter. „Was sollen die Söckchen kosten?"

„Geben Sie mir einen Euro für alle vier."

Eltern und Kinder lassen sich Spiele vorführen. Die Kinder schauen erst nur neugierig, beginnen dann damit zu spielen. Das Drama ist vorprogrammiert. Was für ein Geschrei, wenn die Mutter dann nicht kaufen will.

Manche Verkäuferinnen sitzen wie lauernd mit nach vorne geneigtem Oberkörper. So als wollten sie die Kunden mit ihren Blicken einfangen. Andere lehnen sich lässig nach hinten und lassen sich die Sonne ins Gesicht scheinen. Dahinter wachsen an der Mauer Tomaten in Töpfen. Sie sind noch ziemlich grün.

Ein Vater und eine Mutter versuchen sich über fünf Stände hinweg zu verständigen. Es gelingt nicht gut. Die Frau schimpft über fünf Stände hinweg: „Nun bleib doch endlich mal bei mir."

Ich höre nicht nur Verkaufsgespräche. Mütter tauschen Erfahrungen aus: „Die Kinder wachsen ja so schnell aus den Klamotten raus."

Der Flohmarkt wird gelobt: „Gute Sache. Manche Sachen sind noch wie neu."

Eine werdende Mutter hat ein Kind an der Hand, legt die andere Hand auf ihrem hochschwangeren Bauch ab, sozusagen auf ihrem nächsten Kind.

Am letzten Stand vor der Hintergasse warten Schuhe auf Käufer. Aber nur rechte Schuhe: „Man kann nie wissen …"
Wer klaut schon gebrauchte Schuhe?

Eine Mutter interessiert sich für dunkelblaue Gummistiefel, will sie anprobieren, ruft nach ihrer Tochter. Dann geht es ruckzuck: Schuh aus, Fuß in den Stiefel stopfen, vorne mit dem Daumen drücken und nach den Zehen forschen. Sie schüttelt den Kopf: „Passt nicht, zu klein."

Der Vater kommt hinzu, die Frau schnüffelt an ihm und fragt: „Was hast du gegessen?"
Er lacht, verrät es aber nicht. Sie wird von einer ganzen Reihe Wintermänteln abgelenkt, die an Bügel auf einer schnell gespannten Leine hängen. Eine Blechbüchse für Prinzenrollen liegt davor, ein Babyflaschenwärmer wird angepriesen. Meist werden nur kleine Beträge bezahlt, manches wird sogar verschenkt.

Neben dem Eingang zum altehrwürdigen Gebäude steht nicht mehr wie früher:
‚Mütterzentrum Mamma mia', sondern: ‚Mamma mia e.V. – Das Familienzentrum in Hochheim am Main'.

‚Familie' anstelle ‚Mütter'! Haben die Väter protestiert und ihre Zugehörigkeit eingefordert? Oder wurden sie freiwillig integriert?

Drinnen sehe ich geparkte Elternteile vor einem Kaffeebecher sitzen. Auch Mütter mit Kindern, die Hunger und Durst haben oder nur einen Moment Ruhe benötigen.

Eine Frau hinter den selbstgebackenen Kuchen erkennt mich: „Sind Sie nicht der Mann von Carmen?"
„Ja. Unsere kleine Sonja war schon hier."
„Ich erinnere mich noch gut, die Carmen hat damals fleißig Spenden gesammelt."
„Haben inzwischen die ersten Kinder selbst Kinder hier?"
„Nein. Noch nicht ganz. Aber das wird nicht mehr lange dauern."
„Sonja macht jetzt schon den Führerschein."
„Früher konnte ich Omas Spruch nicht mehr hören, aber jetzt sag ich ihn selbst schon: An den Kindern sieht man, wie die Zeit vergeht."

Draußen sehe ich dann zwischen den Müttern auch ein älteres Ehepaar. Sie gehen nur spazieren, genießen sichtlich die Atmosphäre. Erinnert sie der Flohmarkt an die eigene Eltern- oder gar Kinderzeit?

Es ist Mittag. Geld wird gezählt. Ich frage wie nebenbei: „Hat es sich gelohnt?"

„Es geht mir gar nicht so sehr ums Geld. Ich möchte die Sachen nicht wegwerfen und ich freue mich, wenn andere Leute es brauchen können."

Mir fällt eine alte Radiosendung ein mit dem Titel: „Zum Wegwerfen zu schade."

Zwei Frauen haben sichtlich Probleme, den Tapeziertisch wieder richtig zusammenzulegen. Einen Moment amüsiere ich mich noch, bevor ich meine Hilfe anbiete. Eine staunt, die andere lacht: „Männer sind ja doch zu etwas zu gebrauchen."

Ich gehe weiter, der Weinstand grenzt direkt an. Gleich hinter dem Nussbaum sitzen Marktbesucher auf Holzbänken vor Biertischen, auf denen Sekt und Weingläser stehen. Das Angebot gehört zum sogenannten Marktfrühstück. Ich mache mir so meine eigenen Gedanken über den vormittäglichen Weinkonsum.

Meine Tante behauptete immer, sie brauche morgens noch vor dem Frühstück erst einmal ein Glas Sekt. Wegen des niedrigen Blutdrucks. Ich schaue mir die fröhlich plaudernden Gäste genauer an. Natürlich unauffällig. Ich muss sagen, die Hautfarbe in den meisten Gesichtern sieht eher nach zu hohem als nach zu niedrigem Blutdruck aus. Vor allem bei den älteren Herren.

Obwohl ich mittlerweile Hunger habe, schaue ich mir das Frühstücksangebot lediglich an. Zwischen den

Gläsern und Flaschen geht es fast unter. Die Nachfrage nach Schmalzbroten, Wurst- und Käsebrötchen kann offensichtlich nicht mit dem Bedarf an alkoholischen Getränken mithalten.

Was soll es. Die Hauptsache, es geht den Leuten gut. Und das ist nicht zu übersehen.

30. August 2014

39 Sommerstadt

Gleich nebenan, vor dem Spielplatz. Dort, wo ich im Winter meine kleine Fototour durch den frisch gefallenen Schnee gemacht hatte, leuchten jetzt nachts Girlanden und tagsüber hört man im ganzen Wohngebiet, dass es den Kindern bei den Ferienspielen gut geht.

Auch unsere Tochter war vor Jahren dabei und ich erinnere mich an meinen Besuch in ihrer Sommerstadt. Einen Besucherausweis bekam ich ausgestellt und durfte mir alles anschauen. Die Kinder hatten Aufgaben, durften sich Berufe aussuchen. Sogar Pizza wurde gebacken. Rührenderweise wollte mich meine kleine Tochter ein wenig versorgen und kaufte mir eine. Von ihren allerletzten selbst verdienten Sonnenscheintalern. Ich besitze die Eintrittskarte immer noch.

Der Zeitungsredakteur schickte mich nun zur Abschlussfeier. Gefühlte tausend Kinder und zehntausend Eltern bevölkerten die schon längst zertrampelte Wiese. Das Wetter war optimal, der Rest nicht so ganz. Jemand hatte die Technik aufzubauen, vollendete seinen Job aber offensichtlich nicht. Wichtige Kabel steckten nicht in den Geräten, sondern lagen auf der Erde herum. Ich hörte raue Worte.

Als es losging, steckte zwar ein zu kurzes Mikrokabel im Verstärker, die zweite Lautsprechsäule blieb jedoch stumm wie ein Grab. Kein Wunder, auch dieses

Kabel lag noch unter dem Tisch. Die Zuschauer bekamen es nicht mit. Man kann auch am kurzen Kabel die Zuschauer begrüßen und die Strippe für den zweiten Lautsprecher war gerade noch rechtzeitig vor der musikalischen Begleitung der Tänzer entwirrt und in die passenden Buchsen gesteckt worden.

Frau Bürgermeisterin Munck sah mich, schüttelte mir die Hand und war froh, nicht alleine da zu stehen, während sie auf ihren persönlichen Einsatz per Stickwort (und begrüße ich …) wartet. Es scheint ein unangenehmes Promischicksal zu sein, dass man nicht wie jeder andere einfach zueinander ‚Hallo' sagt und zu tratschen anfängt. Ein Promi lebt immer in einer gewissen Distanz zu den Menschen in seiner Umgebung.

Vielleicht sind deshalb so viele Stars mit anderen Stars befreundet und kaum mit jemandem aus dem Fußvolk.

5.   September 2014

40 Stadtführung

Stadtführer Herbert Beyer kündigte eine Fotosafari durch Hochheim an und bat die Presse, darüber zu berichten. Die Hochheimer Zeitung schickte mich, ich steige also wieder einmal aufs Rad, diesmal mit Kamera und Notizblock, aber auch mit Regenjacke. Sieben Teilnehmer und drei Pressevertreter treffen sich am sogenannten Kriegerstein. Dieser Gedenkstein gehört zum letzten Krieg, den Deutschland gewonnen hat. Das ist eine Weile her, genau genommen 143 Jahre. Hätte man es nicht dabei bewenden lassen können?

Während sich die Teilnehmer der ersten Fotosafari zwanglos mit dem Stadtführer Herbert Beyer unterhalten, zieht eine tiefschwarze Wolke gerade so eben noch über Hochheim hinweg, um sich jenseits des Mains zu entladen. Beyer begrüßt angesichts der nächsten bedrohlichen Wolkenformation nun offiziell die gut gelaunten Gäste und erklärt die Entstehung dieser Fotosafari. Die Idee hatte er während seiner fotografischen Streifzüge anlässlich der Stadtführerausbildung. Warum sollte er nicht auch anderen fotobegeisterten Hochheimern die oft unscheinbaren oder gar versteckten Motive in Hochheims Altstadt zeigen? Es gibt allerdings keinen Wettbewerb und keine Jury. Aber das kann ja noch kommen.

Wir wandern alle, jeder mit seinem Fotoapparat in der Hand zum Weinberghäuschen. Wir erfahren, dass dieses Kleinod mit dem wundervollen Rundblick endlich renoviert und als Informationspunkt wieder zum Leben erweckt werden soll. Noch während er über den derzeit notariellen wie auch musealen Inhalt der Villa gegenüber spricht, offenbaren die Wolken ihre schändliche Absicht. Nun regnet es wirklich.

Herbert Beyer kennt den Wetterbericht, ist auch auf Regen vorbereitet und kann deshalb schon bei den ersten Tropfen auf Plan B umschalten. Das hat durchaus seinen eigenen Reiz, wenn die kleine Gruppe in der noch kleineren Schutzhütte des Hummelparks steht und er beim aufs Holzdach prasselnden Regen erzählt, dass die Villa nicht mehr das ursprüngliche Original sei. Bei einem der immer schon beliebten Festumzüge warf vor vielen Jahren eine begeistert aus dem Fenster schauende Bedienstete angeblich mit dem Hinterteil einen Kerzenständer samt brennender Kerze um. Das hatte zur Folge, dass die ganze Villa noch etliche Jahre lang als Ruine am Straßenrand stand, bevor sie, der aktuellen architektonischen Mode folgend, wieder aufgebaut wurde.

Beyer packt auf Wunsch der Journalistin, die bereits ihren nächsten Termin in den Pfützen des Hummelparks davonschwimmen sieht, sein Tablet aus und zeigt großformatig die interessantesten Sehenswürdigkeiten, die sogar viele Hochheimer Eingeborene noch nie bewusst wahr genommen haben. Als der Pressefotograf wieder aus dem Gebälk der Hütte heruntersteigt, lässt der Regen ein wenig nach und mit dem Spruch „Hinten wird es heller" kann unser

Guide wieder zu Plan A, also von der virtuellen zur realen Führung zurückkehren.

Am Weinbergspanorama, dort wo Hochheim am schönsten anzusehen ist, scheint sogar kurzzeitig die Sonne und ich kann mein Gruppenfoto für die Zeitung machen. Die Teilnehmer erfahren die Geschichte der Gebäude vom Domdechant Werner'schen Weingut bis hin zu Sankt Peter und Paul. Doch nicht nur die großen Ereignisse, auch kleine Besonderheiten verrät er. Zum Beispiel, was die eckigen und die runden Pfosten über die Winzer aussagen (die runden sind viel teurer), warum die Dorfgassen geschwungen und nicht gerade angelegt wurden (Windfang) und was nach dem großen Stadtbrand per Dekret baulich verändert werden musste (Abstand zwischen den Häusern).

In den Weinbergen spricht Beyer noch im Oberhemd über die Bedeutung der Rosenstöcke an den Enden der Rebenzeilen (Schädlingsfrüherkennung), obwohl es schon wieder tröpfelt: „Wenn ich meine Jacke aus dem Rucksack hole, gibt es Dauerregen. Ich kenne das."

Manche Kuriositäten lassen die Teilnehmer schmunzeln, zum Beispiel, dass drei Fenster im Pfarrhaus gar nicht vorhanden, sondern nur aufgemalt sind. Nachdenklich macht auch, dass heutzutage von den Fachwerkbauten der Putz entfernt wird, die Stadtmauerreste an der Pfarrkirche jedoch in diesem Jahr erstmals verputzt wurden.

Im Maintor unter dem Küsterhaus, das auch schon als Schule diente, ist es dann so weit. Das Hemd reicht nicht mehr, Beyer holte die Jacke aus dem Rucksack, lässt sich aber nicht weiter vom Wetter beeindrucken. Er erklärt die Wappen über den Hofeingängen, die Bedeutung einer Tulpe im Gebälk des alten Jacob Ignaz Schweickardt-Hauses (Juden sind Willkommen) und erzählt vom gelungenen Umbau des Amtsgerichtes. Er berichtet, dass man dort schick im Interieur des Gerichtssaales wohnt und in den ehemaligen Jugendarrestzellen komfortabel nächtigt.

Der Regen wird wirklich zum Dauerregen, dennoch halten fünf von sieben Teilnehmern bis zum Schluss durch. Herbert Beyer verspricht, dass es auch 2015 solche Fotosafaris geben wird.

Und ich überlege, ob ich nicht auch demnächst an einer ganz normalen ausführlichen Stadtführung durch die Altstadt teilnehmen sollte. Es gibt wirklich viel zu entdecken.

Übrigens:
Die Führungen finden bei jedem Wetter statt.

31. August 2014

41 Wilfried

Heute schaue ich mich auf dem Wochenmarkt um, staune, wie gut der Weinprobierstand schon morgens besucht ist. An mehreren Reihen von Biertischgarnituren sitzen meist männliche Hochheimer und plaudern, lachen, trinken Wein und Sekt.

Der Wochenmarkt ist gut besucht, junge Frauen und alte Männer, auch umgekehrt, kaufen emsig. Sie werden ohne Ausnahme freundlich bedient, oft sogar mit Namen angesprochen. Selbst das persönliche Wohlergehen oder dessen Gegenteil werden ausgetauscht: „Da kann man halt nichts machen. Wir werden alle nicht jünger."

Beim Metzger, am Käsestand, bei den Fischen und den mediterranen Feinkostwaren stehen die Leute geduldig an. Zwei große Stände mit Obst und Gemüse versorgen die Haushalte, ein Imker preist den Geschmack seines besonders guten Honigs an. Nur einer schaut gelangweilt aus seinem Wagen heraus. Niemand will seine gegrillten Hühner haben.

Wilfried Schneider, ein gut bekanntes Hochheimer Original, ist auch da. Er steht nicht hinter, sondern vor seinen vier Tapeziertischen. Da kann er besser mit seinen Besuchern plaudern. Immer mit der Zigarre im Mund. Ein älterer Herr setzt sich die Brille auf und untersucht ein altes Gruppenbild: „Mal sehen, ob ich drauf bin."

Er ist nicht drauf, legt das Foto zurück. Wilfried ruft ihm nach: „Alles Gute, gell."

Mir erklärt er: „Ich hab heut schon viele Bilder verkauft. Das ist gut, da kann ich wieder eine ganze Menge Bärchen beschaffen. Die kosten mich zwei Euro, aber ich verschenk sie meistens."

Wilfried sammelt für das Kinderhospiz Bärenherz, entweder hier mit seinen sehr unterschiedlich wertvollen Antiquitäten oder mit der Drehorgel. Dann im schwarzen Anzug mit Fliege und buntem Hut und natürlich mit einer Zigarre im Mund.

Ich schlendere an den Tapeziertischen entlang. Da liegt eine sehr alt aussehende Wanduhr, aber er erklärt: „Die geht mit Batterie. Schau mal hier, das hat einer heut Morgen einfach hierhin gestellt. Ich dachte erst, es ist ein Schnaps, dabei ist es Autopolitur."

Ein Kofferradio steht daneben, eine ausgemusterte Personenwaage auch. „Schau mal, des is mei Musik." Er blättert in einem CD-Album mit Volksmusik, Hansi Hinterseer erkenne ich auf einem Label. Riesenpfannen liegen da, Porzellanfiguren und Nippes, der bestimmt schon jahrzehntelang auf einer Kommode abgestaubt wurde.

Er zeigt auf einen schwarzen Reiterhelm: „Und da, schau, des lag auch plötzlich da."

Ich höre von der Seite, wie ein Mann zu seiner Frau sagt: „Des is nix für uns, des is für junge Leut."

Ich kann nichts entdecken was den derzeit pubertären Jungs und Mädchen gefallen könnte. Aber das ist eben alles eine Frage der Perspektive. Im Altenheim reden bekanntlich die 80jährigen über die 60jährigen: „Schau dir die Jugend von heute an, das hätte es bei uns nicht gegeben".

Ein Mann ruft erstaunt mit dem Gruppenbild in der Hand: „Schau mal, da is der Simon, der is genauso alt wie ich, der war mit mir in der Schul."

Wilfried läuft hin und her, es sieht so aus, als würde er alle Besucher des Marktes kennen. Mich duzt er auch schon eine ganze Weile. Schließlich wendet er sich ab: „So, es langt. Ich pack jetzt wieder ein. Den Rest verkauf ich morgen auf dem Flohmarkt."

Er holt Zeitungspapier und leere Kartons aus seinem grasgrünen Bollerwagen mit den großen Rädern. Auf einer Seite steht in schwarzer Schrift: Weinbergschule. Es ist ein Andenken an seine Zeit als Hausmeister in der Schule. Zuvor war er Dachdecker und noch früher, als er selbst als Schüler in die Weinbergschule ging, hatte er ein schlimmes Erlebnis. Im Treppenhaus zum Keller hatte sich ein Fremdarbeiter erhängt.

Wilfried kam dazu, sah ihn noch baumeln. Vermutlich gehört er zu den auf dem Judenfriedhof beerdigten Opfern der Naziherrschaft. Eine Gedenktafel nennt die Namen der Unglücklichen. Sie durften nicht einmal auf dem ‚normalen' Friedhof neben den anderen Hochheimern beerdigt werden.

Ich steige aufs Rad, Wilfried ruft mir nach: „Du musst mal zu mir kommen. Daheim hab ich noch viel mehr."

Ich sollte ihn wirklich einmal besuchen.

6. September 2014

42 Die Birke

Astrid ist zum zweiten Frühstück da, meine Frau hatte noch schnell einen Pflaumenkuchen gebacken und ich darf mich kurz zu den beiden Frauen an den Tisch setzen. Ansonsten gilt: Wenn Freundinnen plaudern, sollte der Mann nicht zuhören, sondern etwas Sinnvolleres tun.

Mein Gott, schmeckt der Kuchen lecker! Er ist noch warm, etwas weich und ein wenig süßsauer. Was sich ein Mann wünscht, verwirklichte dieser Pflaumenkuchen. Drei breite Stücke verdrücke ich, dann kann ich nicht mehr.

Damit ich wenigstens ein paar von diesen heimtückisch in Teig und Belag versteckten Kalorien wieder loswerde, setze ich mich nun aufs Fahrrad und fahre zum Wäldchen hinüber. Ich könnte ja mal nachschauen, wie es unserer Birke geht.

Vor ein paar Jahren hatten hinter der Bundesstraße Forstleute ein Wäldchen angepflanzt. Die Bäume stehen so eng, als müssten möglichst Minibäumchen untergebracht werden. So stelle ich mir keinen Wald vor. Jeder Baum kämpft mit seinen Nachbarn um Licht, Luft und Sonne, wird dabei immer länger und hofft, nicht aus Lichtmangel einzugehen.

Mit den Jahren entstand eine Art dunkler Höhle, mit vielen dünnen Stämmen innen und einer dichten Hülle aus Blättern außen.

Der hindurch führende Weg wurde zu einem regelrechten Tunnel. An einer breiten Schneise sieht man den Himmel. Und dort steht unsere Birke. Das kam so: Bei uns im Reihenhausgarten pflanzt sich so manches Pflänzchen selbst, so wie das in der freien Natur üblich ist. Manches ist schlichtweg Unkraut, manches blüht hübsch und wieder anderes sieht einfach niedlich aus. Dazu gehörte eine Pflanze, die wir bald als Birke identifizierten. Irgendein kleiner Same erlitt nicht das Schicksal seiner hunderttausend Artgenossen und wurde weggefegt, vom Regen weggewaschen oder verdorrte einfach. Diese von der Natur ausgewählte Pflanze durfte nach ihrem großen Glück nicht ausgerupft und in die Biotonne geworfen werden. Sie sollte leben.

Bei uns im Garten konnte das nichts werden, da stand sowieso schon viel zu viel herum. Und so hob ich sie mitsamt ihrem Wurzelwerk mit dem Spaten aus dem Beet, legte sie in eine Plastiktüte, diese in mein Fahrradkörbchen und transportierte sie in oben beschriebenes Wäldchen.

Am Wegesrand war gerade eine kleine Buche von einem wilden Tier, das sich vegetarisch ernährt, abgefressen worden. Hier setzte ich unsere Birke ein. Im Herbst nahm ich sogar manchmal eine Flasche Wasser mit und goss sie. Erst wuchs sie vorbildlich mit einem dicken Trieb in der Mitte und zwei kleinen Ästen an der Seite. Im Winter hätte ich heulen können. Der Vegetarier hatte den wunderschönen

Stamm rücksichtslos weggefressen. Um die beiden Ästchen legte ich schon am nächsten Tag ein Schutzgitter. Nachdem ich die Konkurrenten rechts und links ein wenig gestutzt hatte, ging es ihr wieder besser.

Ich fahre über die Bundesstraße, schlängele mich um die Absperrung und staune bald darauf über die prächtig wachsende Birke am Waldesrand. Die einzige weit und breit.

Wie mag die da hingekommen sein?

8. September 2014

43 Auf der Bank

Im Wäldchen stehen nicht überall Bäume, eine kleine Waldwiese durfte frei bleiben. Eine Holzbank steht am Waldrand im Schatten, heute ist das in Ordnung. Ich stelle das Rad hinter mich, setze mich und muss an die Zeitschrift denken, die bei uns zuhause als Altpapier auf der Erde lag und mich mit der Schlagzeile beeindrucken wollte: Nichts ist schwerer, als nicht zu denken.

Das mag wirklich so sein, aber ich verstehe den Sinn nicht. Warum sollte ich mein Gehirn abschalten? Es wird sich noch lange genug in abgeschaltetem Zustand befinden. Das muss man nicht vorziehen.

Also denke ich eben vor mich hin. Wer wohl die Wiese gemäht hat? Wie lange die vier Eichen rechts und links von mir schon stehen und wachsen? Sie haben eine ausgesprochen lange Lebenserwartung. Es soll tausendjährige Eichen geben. Jedes Jahr werden sie sich anstrengen, um Nachwuchs zu zeugen. Tausende von Eicheln liegen nutzlos auf der Wiese. Jedes Jahr. Nur damit irgendeine es schafft, groß zu werden. Wozu? Damit sie auch wieder Eicheln auf den Boden wirft. Die Natur ist verschwenderisch.

Ein Eichhörnchen kommt gerannt und springt an den Stamm, schaut mich an, klettert irrsinnig schnell nach oben, dann ist es zwischen den Ästen verschwunden.

Aus dem Wald ragt ein Baum, der da scheinbar nicht hingehört. Der Form nach ein Nussbaum. Ich sollte ihn besuchen. Später. Jetzt muss ich erst noch eine Weile denken.

Ein Bussard kreist über der Wiese, hält vermutlich nach Mäusen Ausschau fürs Mittagessen. Mit ihm würde ich gerne tauschen, nicht wegen der Mäuse, sondern, weil er so geräuschlos und scheinbar mühelos fliegen kann. In Wachträumen ließ ich mich schon mit ausgebreiteten Armen zwischen weißen Kumuluswolken hindurchtreiben. Ich fühlte den Wind an meinem Kopf, an meinen Händen, umkreise Wolken, segelte wieder hinab.

Ich erinnere mich, dass ich diesen Wind schon einmal ganz real erlebt hatte. Als Kind fuhr ich in den Ferien allein mit der Eisenbahn zu meinen Großeltern. Niemand passte auf mich auf. Ich öffnete das Fenster, schob es ganz nach unten, sah in der Kurve die Dampflokomotive. Zischende weiße Wölkchen blies sie aufgeregt in die Räder und oben sah ich, wie die Geschwindigkeit die dicken schwarzen Rauchwolken aus dem Schornstein sofort zerriss und durcheinander wirbelte.

Ich hielt den Kopf ganz lange draußen, der Fahrtwind strich heftig um meinen Kopf, um meine Ohren. Die Schienen kreischten, schrien formlich in den Kurven, die Räder schlugen auf den Schienenstößen einen gleichmäßigen Takt. Er ähnelte einem Walzer. Es war

wunderbar und so beeindruckend, dass ich heute, gut
60 Jahre später, immer noch daran denken muss.

Jetzt fällt mir noch ein, dass die Telefonleitungen
neben der Strecke ständig von Mast zu Mast auf und
nieder hüpften.

Ich bemerke, dass ich lächele.

8. September 2014

44 Einschulung

Heute bin ich mit dem Fahrrad deutlich besser dran, als die Eltern, die mit dem Auto zur Einschulung in die Weinbergschule gekommen waren. Auch der letzte Quadratzentimeter war rings um die Schule und die Kirche zugestellt. Ich stellte mein Rad zu denen der Kinder und ging zum Eingang des alten Hauptgebäudes. Für meinen Zeitungsartikel brauche ich noch Zahlen und Namen. Wie viele neue Klassen gibt es? Wie viele Schüler? Welche Lehrerinnen unterrichten? Wie sieht das Programm der Feier aus. Wer außer dem angekündigten Kultusminister kommt noch in seinem Gefolge? Bisher bekam ich solche Information mehr oder weniger vorbereitet im Sekretariat.

Ich eile die Treppen hinauf und stehe dann vor einer verschlossenen Türe mit dem Aufkleber dran: „Das Sekretariat ist wegen Krankheit geschlossen."
Na toll. Und das gleich zu Schulbeginn.

Die Türe des Schulleiters ist ebenfalls zu. Alle möglichen Leute suchen nach einem Ansprechpartner. Wenigstens der Hausmeister taucht auf und berichtet: „Der Herr Hartwig hat heute Vormittag noch zwei Stunden Unterricht."

Kann das wahr sein? Ich laufe im Flur auf und ab, lasse mir von den Frauen an den Frühstückstischen ein Glas Saft einschenken. Ich sehe Herrn Hartwig die Treppe herunterlaufen und um die Ecke flitzen. Wohin geht man dort? Ich schaue nach: da ist lediglich eine nur mit Schlüssel zu öffnende Toilettentür zu sehen. Die paar Minuten Ruhe seien ihm noch gegönnt. Aber ich lehne mich an die Wand neben seiner Bürotür, lauere ihm sozusagen auf, hoffe, dass sich nicht noch wichtigere Gesprächspartner vordrängen.

Er kommt schließlich, vermittelt mir etwas nervös ein paar Infos, zieht aus einem alten Schulranzen ein paar Blätter heraus, zeigt mir eines. Es sieht aus, als hätte die Sekretärin genau während des Schreibens dieses Blattes die Krankheit ereilt. Oben stehen ein paar Zeilen mit dem Computer gedruckt, der Rest ist von Hand geschrieben. Er will mich loswerden, aber in zufriedenem Zustand: „Ich kopiere Ihnen die Seite."

Ich nicke, er geht zum Kopierer, der muss sich erst noch aufwärmen. Drei Leute haben ihn ebenfalls entdeckt, stehen hinter und neben ihm, informieren, fragen, diskutieren, während er sich um meine Kopie bemüht. Dabei muss er in wenigen Minuten vor mehreren hundert Besuchern auf der Bühne stehen, zuvor noch den Minister und seinen Anhang begrüßen. Er tut mir ehrlich leid.

Die Turnhalle ist mittlerweile brechend voll. Das bedeutet, der Gottesdienst ist zu Ende. Ein Herr im grauen Anzug und graublau quergestreifter Krawatte und rotem Abzeichen am Revers steht unschlüssig da. Ich kenne ihn, es ist der 1. Kreisbeigeordnete Wolfgang Kollmeier, er sieht mich, schüttelt mir die Hand und ist froh, dass er einen Gesprächspartner hat und nicht einsam herumsteht.

Eine kleine Traube Menschen drängt sich an der Bühne vorbei. Das muss er sein, der Minister mit Gefolge. Professor Dr. R. Alexander Lorz grüßt Herrn Kollmeier, sieht den Pressemann (an seiner Kamera und dem ernsten Blick zu erkennen) und geht sofort freundlich lachend auf ihn zu. Ein wenig Smalltalk, dann begrüßt mich die Leiterin des Schulamtes, ebenfalls mit Händedruck.

Ich scheine hier eine wichtige Rolle zu spielen. Oder gehört es zur Ausbildung von Promis, nett zu den Medienvertretern zu sein? Mein Nachbar, ein Kameramann, erzählte mir, dass es ihn nervt, wenn selbst er hinter der Kamera von allen Promis die Hände geschüttelt bekommt.

Ein Kollege grüßt kurz, sucht den Schulleiter, findet ihn auch, stellt ihm Fragen. Der hat momentan eigentlich anderes zu tun und sieht mich hilfesuchend an. Ich gehe hin und gebe dem Kollegen meinen Notizzettel mit allen Namen und Zahlen. Zwei gute Taten auf einmal. Ich helfe dem Kollegen und entlaste gleichzeitig den Schulleiter.

Ich falte meinen Zettel wieder zusammen und ziehe Diktiergerät Nummer 1 aus der linken Hosentasche, drücke den Aufnahmeknopf und verstecke es hinter einem Blumentopf auf der Bühne. Dann mache ich meine ‚Sicherheitsfotos‘ von den Menschen in der Turnhalle und von den nebeneinander sitzenden

Promis. Was ich hab, das hab ich. Schönere Bilder kann ich immer noch machen.

Ich frage den Kollegen, ob er eine Ahnung hat, weshalb der Minister gerade nach Hochheim kommt. Er weiß es auch nicht und wir beschließen, ihn einfach selbst zu fragen. Wir gehen auf ihn zu, er springt auf, schüttelt uns sofort die Hände, mir bereits zum zweiten Mal. Sehr nett ist er, sehr freundlich und sehr auskunftsbereit. Ich ziehe Diktiergerät Nummer 2 aus der rechten Hosentasche und halte es ihm unter die Nase, der Kollege schreibt in seinen Spiralblock.

Ich frage ihn, weshalb er bei so vielen Schulen in Hessen gerade nach Hochheim kommt. Er antwortet zwar selbstbewusst, aber nicht wirklich auf meine Frage: „Die Regierung versucht so viele Einschulungsfeiern wie möglich zu besuchen."

Vermutlich hat der Ministerpräsident mehr Volksnähe angeordnet. Das Ergebnis: Alle Minister schwärmen zu den Einschulungsfeiern aus. Die Schulen werden mehr oder weniger zufällig ausgewählt. Es herrscht kein Mangel, das Hessenland bietet den Regierungsvertretern immerhin 1000 Grundschulen zur Auswahl.

Das Programm beginnt, der Schulchor singt und ich schaue mir die Kinder, die Eltern und die Promis an. Der Kollege notiert noch immer, ich verlasse mich auf mein Diktiergerät hinter dem Blumentopf.

Umgeben den Minister Personenschützer? Ich kenne die typisch aufmerksamen Blicke der Männer in den grauen Anzügen mit Stöpseln im Ohr von anderen Veranstaltungen. Zwei kann ich orten. Einen von ihnen muss ich wieder abschreiben. Oder sollte zufällig ein Bodyguard seine Frau und sein Kind mitgebracht haben? Zur Tarnung sozusagen?

Der andere steht aber tapfer hinter den Promis. Ist es nun einer oder nicht? Ich beobachte ihn von allen Seiten: Er hat keine Stöpsel im Ohr. Nun, wenn er alleine da sein sollte, kann er auch mit niemandem funken.

Mein weiterhin fleißig notierender Kollege erinnert mich unausgesprochen daran, dass ich nicht zum Spaß, sondern zum Arbeiten hier bin. Ich mache zwar noch ein paar Fotos, muss aber zugeben, dass ich der Handlung des gerade laufenden Theaterstücks nicht folgen kann.

Dann steht plötzlich der Fotograf der Bildagentur vor der Bühne. Ich kenne ihn zwar nicht mit Namen, aber vom Sehen. Er fotografiert, als ob es um sein Leben ginge, die Promis, die Eltern, die neuen Schüler, die Darsteller oben, er rutscht für seine Nahaufnahmen auf dem Hosenboden zwischen den Kindern umher. Es dauert nicht lange, da verlässt er fluchtartig durch den Hinterausgang die Turnhalle und - weg ist er.

Nach einer Stunde ist alles vorbei. Ich rette mein Diktiergerät vor den auf der Bühne tobenden Kindern und stecke es wieder ein.

Die Lehrerinnen führen die aufgeregten Erstklässler in die Schulräume. Die Eltern schauen ihnen etwas beklommen hinterher. Manche winken noch einmal.

Auch ich verabschiede mich nach allen Seiten und bekomme prompt die ministerielle Hand noch einmal geschüttelt.

Die Damen hinter den gut gefüllten Tischen im Hauptgebäude bieten mir selbst gebackenen Kuchen an und ich kann nicht widerstehen. Ich habe auch Durst und bekomme auch ihn sofort mit einem Becher Orangensaft gestillt. Einfach nett und zuvorkommend.

Und ganz ohne Händeschütteln.

9. September 2014

45 Falkenberg

Obwohl ich meist die gleiche Strecke fahre und meine Radtouren zur Routine geworden sind, verlaufen sie manchmal doch ganz anders als gedacht. Heute ist so ein Tag.

Mitten im Ort habe ich den Eindruck, das Hinterrad wird weich. Das ist einerseits ganz angenehm, weil ich die Schlaglöcher und Bordsteine nicht so deutlich spüre, andererseits ist es kein gutes Zeichen, was den Schlauch oder das Ventil anbelangt. Ich fahre sowieso am Fahrradladen vorbei, da kann ich ordentlich Druck reinpumpen und dann sehe ich ja, ob er wieder weich wird oder nicht. Notfalls hängt immer noch die Fahrradpumpe unter dem Gepäckträger.

An der Lufttankstelle vor dem geschlossenen Eingang, es ist Sonntag, halte ich den Druckschlauch etwas länger ans Ventil als sonst. Die Weinbergstraße wird daraufhin noch unebener als sonst schon. Die Schlaglöcher auf dem alten ehemals asphaltierten Weg oberhalb der Weinberge sind zuerst ebenfalls sehr unangenehm, sind aber mit der Zeit immer weniger heftig im Sattel zu spüren.

Kurz vor den Bänken höre ich vom Falkenberg her eine männliche Stimme, zweifellos aus einer kräftigen Lautsprecheranlage. Läuft ein Reitturnier am Pferdehof? Ich werde es gleich erfahren, fahre vorsichtig wie immer über die Flörsheimer Straße (es gab schon einen Toten an dieser Stelle) und biege in den sandigen Weg nach Osten ein. Auch nicht gerade ideal für einen Radfahrer, wenn die Reifen keinen festen Halt finden.

Dann tut sich zwischen den Bäumen das Gelände des Reiterhofes auf. Erst war es ein alter Stall, eine alte Reithalle, seit 2001, seit die Deponie (Main-Taunus-Recycling MTR) das Gelände gekauft hatte, entwickelte sich hier ein richtiger Pferdehof mit allem Drum und Dran. Und wie ich sehen kann, auch mal wieder ein richtiges Reitturnier.

Mit unglaublich komfortablen Pferdetransportfahrzeugen auf dem Parkplatz, vielen Gästen, Pferden auf dem Turnierplatz, Ständen mit allem, was der Pferdeliebhaber benötigt. Also frisch gebackene Waffeln, Bratwurst, Pommes, Sekt, Wein, Bier, Cola, Saft und Wasser.

Ich komme gerade rechtzeitig zum Stechen, bei dem der Sieger des dreitägigen Turniers ermittelt wird. Im Gegensatz zu anderen Sportveranstaltungen kommt mir alles sehr unaufgeregt, fast lässig vor. Der Sprecher am Mikrofon nennt einfach die Namen von Pferd und Reiter, die geben dann ihr Bestes an den ganz schön hohen Hindernissen. Der Sprecher nennt mit einem gewissen Understatement die Zeiten. Ein wenig Beifall ist zu hören. Immerhin. Aber kein Jubel, keine Ekstase, alles sehr vornehm. Die Reiter nehmen den Helm unter die linke Achsel, verneigen sich, die Preise werden den Pferden angeheftet. Blonde Frauen in Reiterhosen stoßen mit Sekt an. Das war es.

Ich schiebe mein Rad durch die Reihen bis zum Stand mit dem Pferdezubehör und dann weiter zum Pferdeparkplatz mit den silberglänzenden Pferdetransportern. Das sind veredelte Mischungen aus Riesenwohnmobil, LKW und Pferdehotel. Sieht richtig teuer aus und verkündet stumm: Das ist kein Sport für arme Leute, sondern für eine Gesellschaftsschicht, die eben nicht öffentlich jubelt oder gar lautstark schreit.

Wen es interessiert: Bei Google einfach „Stephex Horsboxes" eingeben und schon sieht man ein paar dieser tollen Fahrzeuge.

Am sandigen Weg steige ich wieder aufs Rad und spüre sofort: Der Hinterreifen ist platt. Mist. Ich pumpe ihn mit der kleinen Pumpe soweit auf, bis ich nicht mehr auf der Felge fahre. Weit komme ich nicht. Noch vor der Gärtnerei Lehr muss ich wieder nachpumpen. Das tut richtig weh. Mir wird heiß, die Handfläche ist rot, die Finger schmerzen von Halten des Ventils.

Noch zweimal erwartet mich diese Tortur, bis ich endlich am Fahrradladen ankomme und kräftig Luft nachtanken kann. Ich fahre möglichst schnell nach Hause, einmal muss ich doch noch leiden, dann bin ich endlich an der Garage.

So hatte ich mir meine Radtour an diesem wunderschönen Sonntag mit blauem Himmel und leichtem Sommerwind nicht vorgestellt.

Am Montag hilft mir Herr Neumann persönlich, sein Mitarbeiter ist plötzlich erkrankt. Ich, beziehungsweise mein Rad bekommt einen neuen Schlauch und auch gleich einen neuen Mantel. Er hat nach einem Jahr fast kein Profil mehr. Taugt das Material nichts oder fahre ich wirklich so viel?

Ich rechne: Rund 300 Tage mal rund 20 Kilometer ergibt immerhin 6.000 Kilometer. Ganz schön!

Viel mehr fahre ich derzeit auch mit dem Auto nicht.

14. September 2014

46 Frieden mit Demenz

Die Buchhandlung Eulenspiegel hatte die hervorragende Sachbuchautorin Sabine Bode zur Lesung eingeladen. Ihr Buch trägt den Titel „Frieden mit Demenz". Ich will mehr darüber wissen, schlage der Redaktion einen Bericht in der Zeitung vor und bekomme auch den Auftrag.

Heute Abend ist es so weit. Ich packe meine Kameratasche, überprüfe alle Akkus, auch die in den Diktiergeräten. Meist lasse ich eines an einem unbeobachteten Ort die ganze Zeit mitlaufen. Damit ich anschließend alles noch einmal in Ruhe am Kopfhörer anhören und auswerten kann.

Eulenspiegel ist nicht gerade überfüllt, aber auch nicht leer. Das kann mit dem Eintrittsgeld zusammenhängen. 12 Euro sind schon etwas mehr als nur eine Schutzgebühr. Aber die Buchhandlung hat ja auch Ausgaben. Gute Autoren sind nicht kostenlos zu bekommen. Richtig bekannte sind regelrecht unerschwinglich in einer kleinen Stadt mit gerade mal 17.000 Einwohnern.

Neben der Kasse stehen heute nicht wie sonst Weinflaschen und Gläser: „Hätten Sie gerne rot oder weiß?"
Diesmal haben wir nur die Wahl zwischen stillem oder kohlensäurehaltigem Mineralwasser. Auch gut.

Die Autorin ist erfahren, man könnte auch sagen, knapp 70 Jahre alt. Sie tritt bescheiden auf, obwohl ihre Bücher schon auf der Bestsellerliste standen. Sie ist ausgebildete Journalistin und schreibt Sachbücher. Es gibt keine Mikrofon- oder Lautsprecherprobleme. Sie stellt sich vor die Besucher und spricht einfach laut. Wenn sie nicht aus ihrem Buch vorliest, redet sie mit ebenso genau gesetzten Worten. Ich höre ihr gerne zu.

Wir hören, dass sie zwei Jahre lang für ihr neues Buch recherchiert hat. Sie redete mit vielen demenzkranken Menschen, mit Angehörigen und Betreuern. Gelassen und völlig unaufgeregt spricht sie über das brisante Thema, sagt sogar, dass sie sich an keine schönere Arbeitsphase in ihrem Berufsleben erinnern kann: „Ich bin immer froh weggegangen, weil ich nur mit Menschen zu tun hatte, denen weder der Status noch das Geld besonders wichtig waren, die gerne im Team gearbeitet haben, denen es wichtig war, für die erkrankten Menschen, die ihnen anvertraut sind, da zu sein. Ich hatte immer das Gefühl, dass diese Betreuer in einer Parallelwelt zu unserer heutigen harten erfolgsorientierten Gesellschaft leben. Vielleicht sind diese Menschen die Pioniere für eine Gesellschaft, in der die Medien nicht mehr von der ‚unheimlichen Geißel des Alters' berichten. Vielleicht sind sie Vorreiter einer Gesellschaft, in der die an Demenz erkrankten Personen wie selbstverständlich akzeptiert, begleitet und umsorgt werden. Ich war immer wieder überrascht, wieviel Fantasie und Kreativität ich angetroffen habe. Das hat mich froh gestimmt. Es tat gut, mit Menschen zusammen zu sein, die nicht ausgelaugt sind und ständig über ihr Burn-out-Syndrom klagen."

Als erfahrene Journalistin weiß sie auch, dass der positive Umgang mit Demenz kein Thema für die Medien ist: „Das landet bestenfalls im Nachmittags-programm oder in der Zeitung auf Seite 3. Wenn es gut geht. Doch diese gesellschaftlichen Veränderun-gen geschehen, auch wenn sie von der großen Öf-fentlichkeit kaum wahrgenommen werden."

Sabine Bode gestand jedoch, dass auch sie wie so viele andere Menschen dieses Thema erst nicht an sich herankommen lassen wollte: „Ich wollte mir nicht ausmalen, was es für mich bedeuten würde, eines Tages alt und gebrechlich zu sein, die Erinne-rung an meine Vergangenheit zu verlieren, meine Lieben und mich selbst nicht mehr zu erkennen."
Eine alte und gebrechliche Freundin löste eines Tages ihren Sinneswandel mit dem einfachen Satz aus: „Man kann sich viel ersparen, wenn man die Wahr-heit kennt."

Die Autorin hatte es schon einmal geschafft, der Hys-terie der Medien eine sachliche und zugleich positive Beurteilung entgegen zu setzen. Das war vor 25 Jah-ren, als die Angst vor AIDS ihren Höhepunkt erreicht hatte, als HIV-Infizierte tätowiert und auf Inseln in-terniert leben sollten. Der Hörfunkdirektor des WDR gab ihr den Auftrag für ein einstündiges Feature zum Thema HIV. Sie ging es völlig anders an, sie wiederholte nicht die Horrorszenarien, sondern verlängerte in einer Science Fiction Story alle positiven Ansätze in die Zukunft, bis ins Jahr 2014. Heute kann sie ihre Visionen mit der Realität vergleichen und stellt fest, dass 80% ihrer Vorhersagen eingetroffen sind. Aufklärung und Vorbeugung erfolgten in großem Stil. Es gibt Medikamente, die aus dem tödlichen AIDS eine chronische Krankheit machen können: „Der AIDS-Kranke, den ich damals interviewte, lebt immer noch, niemand wurde tätowiert oder aus der Gesellschaft entfernt.„

Demenz fühlt sich heute für viele ähnlich bedrohlich an wie damals HIV. Kein Wunder, denn wir werden immer älter und bereits 1,4 Millionen Bundesbürger sind an Demenz erkrankt. Jährlich werden 300.000 neue Fälle diagnostiziert. Ist die Angst vor der Demenz eigentlich ein weltweites Symptom? Durchaus nicht. Sabine Bode berichtet: „In einer Studie wurden Brasilianer, Amerikaner und Deutsche befragt, wovor sie sich im Alter fürchten. Brasilianer befürchteten den Verlust der sexuellen Potenz, die Amerikaner massives Übergewicht und die Deutschen hatten Angst vor der Demenz."

Die Autorin ging das Thema Demenz journalistisch ähnlich an, wie damals HIV. Wieder recherchierte sie gründlich und erforschte eine ihr bis dahin unbekannte Welt. Sie lernte, dass sensible Berührungen und Körperkontakte elementare Bedürfnisse für die Demenzkranken sind. Diese Nähe sollte man zulassen können. Je weiter die Erkrankung fortschreitet, umso größer wird sogar das Bedürfnis nach Herzenswärme, nach körperlicher Zuwendung. Das passt nicht zur Pflege im Minutentakt. Sie machte sich auch Gedanken zum eigenen Altwerden: Meine Generation wird anspruchsvoller sein, sie hat die heute vorhandene Bescheidenheit nicht gelernt: „Die Pflegekräfte werden ihre Freude an uns haben."

Wieder verlängerte sie alle erkennbaren positiven Aspekte in die Zukunft und heraus kam nun dieses 300seitige Buch. Die zehn Kapitel heißen: „Das Recht der Alten auf Eigensinn", „Verwöhnen", „Liebe", Krankheit oder Hirnalterung?", „Wenn Eltern dement werden", „Kriegstrauma und Alzheimer", „Kunst und Kultur", „Vom Wert der Altenpflege", „Wo die Zukunft schon begonnen hat" und „Wir alle können etwas tun".

Am Ende der Diskussion war klar, dass das Problem Demenz nur durch die Mithilfe der Gesamtbevölkerung lösbar ist. Vor allem durch ehrenamtliche Tätigkeiten in großem Stil. Alle, die sich bisher eingebracht haben, sagen: „Das gibt mir etwas, das ist eine schöne Atmosphäre".

Nach dem Dankeschön der Buchhändlerin Anne Schneider ergänzte Sabine Bode noch: „Wir müssen Demenz als eine Lebensphase begreifen. Alter ist kein Elendsthema, das man sich so lange wie möglich vom Leib halten sollte. Im Gegenteil. Ich möchte ihnen Mut machen zu einem anderen Umgang mit der Krankheit. Alter und Demenz sind keine Katastrophen, sie sind eine Reifeprüfung für die ganze Gesellschaft."

Wie soll ich meinen Zeitungsartikel beginnen? Einfach mitten hineinspringen? Das liegt mir. Ich beschließe, gleich mit einem vielsagenden Dialog zwischen einer Heimbewohnerin und ihrer Betreuerin einzusteigen:
„Wo bleibt denn mein Mann? Der war schon so lange nicht mehr hier."
„Das stimmt, der müsste jetzt wirklich einmal kommen. Dem müsste man mal richtig Bescheid sagen."
Am nächsten Tag fragt dieselbe Frau: „Mein Mann, der ist tot, oder?"
„Ja. Ihr Mann ist tot. Seit zwanzig Jahren."

Das führt sofort mitten ins Thema hinein. So werde ich es machen. Frau Schneider schenkt mir eines der Bücher. Sabine Bode signiert es. Ich stellte mich als lokaler Journalist vor. Sie nickt nur. Verstehend? Bemitleidend? Oder einfach nur müde nach zwei Stunden Vortrag?

Ich fahre sehr nachdenklich im Dunkeln mit dem Rad nach Hause. Wie wird es mir demnächst ergehen? Bleibt mein Kopf weiterhin fit? Darf ich erwarten, ungeschoren davon zu kommen?

15. September 2014

47 Leute beobachten

Ich schließe die Garage, setze mich aufs Fahrrad und muss entscheiden: Im Uhrzeigersinn um Hochheim herum? Das heißt: Erst, die Arbeit, dann das Vergnügen.

Oder nach rechts? Also erst durch die Stadt und dann ins Freie. Das bedeutet, erst den Kaffee, dann die Radtour.

Der Kaffee siegt schon bei der ersten Pedalumdrehung. Auf direktem Weg fahre ich zum Brothaus. Die dunkelhaarige junge Frau hinter der Theke zeigt auf das Tablett neben der Kasse: „Filterkaffee, stimmt's?"
„Ja."
„Den nehmen sie doch immer. Er steht schon da."
„Wow. Das nenne ich Service."
„Darf es sonst noch etwas sein?"
„Der Zwetschgenkuchen sieht mich ganz sehnsüchtig an. Ich glaube …"
„Mit Randstück oder ohne?"
„Ohne."
„Gerne."
„Sind die Sonnenschirme oben auf der Terrasse offen?"
„Ich denke schon. Wenn nicht, dann sagen Sie mir Bescheid."

Jetzt folgt der Gleichgewichtssinn-Test. Komme ich mit oder ohne Fußbad in der Untertasse oben an? Ich balanciere konzentriert und bin stolz auf mich. Kein einziger Tropfen schwappt über.

Ein Sonnenschirm ist offen, der andere hängt in Falten an seinem Stahlmast. Es ist nur noch ein Tisch frei und der steht prall in der Sonne. Ich stelle mein Tablett dennoch dort ab und gehe wieder hinein. Was die Verkäuferin nicht weiß: Ich kenne den Platz für die Kurbel neben dem Besteckkasten, hole sie und stecke sie in den Mast.

Ein älterer Herr sitzt nach hinten gelehnt mit geschlossenen Augen in der Sonne, blickt auf, als die Kurbel quietschend den Schirm entfaltet, schaut mich vorwurfsvoll an, sagt aber nichts. Ich will ihn beruhigen: „Keine Angst, Sie bleiben in der Sonne."

Er beachtet mich nicht, eine Antwort oder wenigstens ein Kopfnicken bin ich ihm offensichtlich nicht wert. Die Sonne bleibt in seinem Gesicht, wie versprochen. Der sture grimmige Blick bleibt auch. Was soll es. Mein Tisch steht jetzt im Schatten.

Am Tisch vor mir sitzen zwei Mädchen, etwa 16 Jahre alt, und plaudern leise. Worüber? Ich kann sie leider nicht verstehen.

Am Tisch links sitzen eine mittelalterliche Frau und ein Mann mit südostasiatischem Aussehen. Sein Gesichtsausdruck ist bedeutend, seine Sonnenbrille echt cool, das kohlschwarze gewellte Haar glänzt. Sie spricht sehr freundlich mit ihm, lächelt, kichert, nickt, klimpert mit den Wimpern. Ich höre sie: „Aber ich kenne dich doch gar nicht."

Komisch, finde ich, während ich meinen Zwetschgenkuchen genieße. Warum duzt sie ihn dann, wenn sie ihn gar nicht kennt. Sie dreht sich in seine Richtung, streckt ihm die übereinander geschlagenen Beine regelrecht entgegen. Er grinst, sagt: „Ich kenne dich doch auch nicht."

Er streckt seine Hand nach ihrem Bein aus, sie hilft ihm, hebt es an. Sie kichert wieder. Er streckt seine Hand von unten in ihr Hosenbein, krault da drinnen herum. Jetzt kichert sie noch lauter. Mir geht es auf den Geist, wenn sich eine erwachsene Frau wie ein Schulmädchen benimmt.

Der sture Sonnenanbeter rechts räumt jetzt seine Tassen und Teller auf sein Tablett und geht. Grußlos.

Wenn ich kaue und esse, höre ich nicht so gut wie sonst und verstehe von links lediglich so etwas Ähnliches wie: „Zu dir oder zu mir?"

Oder verhöre ich mich und meine Fantasie ersetzt die fehlenden Silben und Worte? Egal. Ich werde deren Problem nicht lösen. Genau genommen, geht es mich auch nichts an.

16. September 2014

48 Rad an Rad

Ich erkenne sie schon von weitem. Sie mich auch. Wir winken uns zu, bleiben neben dem Bordstein stehen, Rad an Rad. Genauer: Vorderrad an Hinterrad.

Wir plaudern, erst Smalltalk, dann über die braunen Finger vom Nüsseernten und schließlich über das Immer-älter-Werden.
„Es gibt keine brauchbare Alternative dazu."
„Jetzt gehören wir zur der Generation, die wir früher als ‚die Alten' bezeichneten."

Ja. Sie hat Recht. Leider. In den 70ern wird bereits ganz schön sortiert. Immer deutlicher wird der persönliche Zustand. Erst nur fühlbar, später auch für alle sichtbar: gesund - kränkelnd - krank - Rollator - bettlägerig - und Schluss ...

Sie fühlt sich privilegiert. Warum? „Weil ich noch laufen kann, nicht arm bin, liebe Enkel habe und weil ich kaum was vergesse."
„Ob man sich aufs Älterwerden vorbreiten kann?"
„Lieber nicht. Diese schmerzhafte Erfahrung kommt noch früh genug. Man muss sich ja auch nicht auf die Spritze oder den Bohrer beim Zahnarzt vorbereiten. Es reicht vollkommen, wenn es wirklich weh tut."

Ihr Mann kommt geradelt, bleibt nur sehr kurz für einen Gruß „Wie geht's?" stehen, fährt mit grimmiger Miene weiter. Sie bekennt: „Er möchte mehr mit mir zusammen machen. Am liebsten alles von morgens bis abends."

„Und? Das klingt doch an sich gut."

„Das kann ich nicht, er hat andere Interessen und ich auch."

Wir philosophieren auf der belebten Straße über Selbstbestimmung, reden (meist zustimmend nickend) vom individuellen Leben, von Unabhängigkeit, aber auch von Schnittmengen, über die man froh sein sollte.

Sie stellt den Fuß aufs Pedal und fasst zusammen: „Ach ja. Das eheliche Zusammenleben. Ein unendliches Thema."

Wir fahren weiter. Jeder in seine eigene Richtung.

17. September 2014

49 Nüsse im Gewitter

Es ist zwar Nusszeit. Doch die meisten hängen nur noch als schwarze Klumpen im Baum. Die Walnussfruchtfliege war fleißig gewesen, hatte Eier in die grünen Fruchtschalen gelegt. Die Maden fraßen sich satt, die Nüsse hatten keine Chance. Schwarzes wabbeliges Fleisch umgibt nun die Schalen. So klebrig, dass sie nicht einmal mehr herunterfallen. Das ist traurig, vor allem für einen Freund der Nüsse.

Nicht alle Bäume sind derart schwer betroffen, aber die meisten einigermaßen gesunden stehen auf privaten Grundstücken. Als Kinder sammelten wir sie eifrig, begeistert, stopften uns die Taschen voll, egal, wo der Baum stand. Aber als Rentner …

Vor einem Bauernhof steige ich vom Rad ab. Der Anblick lässt mir keine andere Wahl. Dutzende Nüsse liegen auf dem asphaltierten Weg vor einem Bauernhof. Mindestens die Hälfte ist platt gequetscht, von Autoreifen zerdrückt. Auch auf dem Parkplatz daneben liegen Nüsse, ebenfalls von Autos bereits dezimiert.

Aus dem Hof kommt ein riesenhafter Traktor gebraust. Ich winke, frage den Fahrer, was mit den Nüssen sei. Ob ich die einsammelt könnte. Ihm ist es egal, er fährt weiter, der dröhnende Traktor ist bald verschwunden. Was bleibt mir da anderes üblich, als mich zu bücken und mir alle Taschen in der Hose und im Anorak voll Nüsse zu stopfen.

Ein PKW kommt auf dem Weg hochgefahren, biegt in den Parkplatz ein. Es knirscht und kracht unter den Reifen. Ein schreckliches Geräusch für den, der Nüsse liebt.

Zuhause säubere ich die Nüsse, befreie sie einzeln vom haarigen Netzwerk, das manche noch umgibt und bin ein wenig stolz auf meine Ernte. Fast alles Handelsklasse I, die wenigen anderen knacke ich sofort und probiere, wie sie denn dieses Jahr schmecken. Sie schmecken wie immer, nämlich wunderbar.

Meine Frau meint abends, ich sollte Heidrun ein paar schenken: „Die mag die doch auch so gerne."
Ich sage schweren Herzens zu, sie packt eine Frühstückstüte voll, klebt noch einen Gruß obenauf. Ich meine, dass das zu viel Aufwand wäre. Ich könnte doch einfach ihren Briefkasten mit Nüssen bis obenhin füllen. Sie kann über meinen Scherz nicht lachen. Dabei könnte ich mich kugeln, wenn ich mir vorstelle, wie die aus dem geöffneten Fach fallen und sich lautstark auf der Erde verteilen.

„Willst du sie nicht gerade rüberfahren?"
„Regnet es?"
„Nein."
„Aber es hat doch eben gedonnert."
„Fährst du jetzt oder nicht?"

Meine Frau ruft Heike an, kündigt mich und die Nüsse an. Die alte Dame freut sich darauf. Ich setze mich aufs Rad, lege die Nüsse ins Körbchen, fahre los und sehe Blitze über Mainz zucken. Die nächtlich schwarzen Wolken werden immer wieder von hinten und oben beleuchtet. Ein beeindruckendes Schauspiel, das meiner Schätzung nach allerdings nicht zu uns, sondern wieder einmal nach Wiesbaden zieht.

Heike freut sich wirklich: „Willst Du kurz hereinkommen?"
„Klar, gerne."
Sie bedankt sich, nicht nur mit Worten, sondern auch mit einem Likör. Wir stoßen an, plaudern. Über die Nachbarn (besser, sie hören es nicht), das Altwerden (Wie soll das alles enden?), über das Buch auf dem Tisch.

Draußen wird es dramatisch. Blitze zucken in kurzen Abständen, der Donner wird immer lauter: „Ich sollte zurückfahren. Regnet es schon?"
„Ich glaube nicht."

Während ich das Rad aufschließe, fallen Tropfen auf meine Regenjacke. Ich fahre los, heftiger Sturm bläst von vorne, wirft mir die ersten dicken Regentropfen ins Gesicht. Aus allen Himmelsrichtungen wird die Straße immer wieder für ein paar Sekunden hell erleuchtet. Ich trete in die Pedale, so fest ich kann. Nach dem zweiten Kreisel in der Danziger Allee geht es dann richtig los. Es prasselt auf Mütze, Brille, Gesicht, Hände, Jacke und Hose. Unterstellen? Ja, wo denn? Tropfnass ziehe ich das Garagentor hoch und flüchte hinein.

Und nun? Soll ich hier warten, bis der himmlische Wasserrohrbruch kein Wasser mehr hat? Ich rufe meine Frau an. Sie fragt besorgt: „Wo bist du denn?"

„Ich stehe in der Garage und komme gleich um die Ecke durch den Garten, mach mir bitte die Terrassentüre auf."

Zwanzig Sekunden später steht ein tropfnasser Pudel im Wohnzimmer, wird in den Eingangsbereich gescheucht, weil dort Fliesen verlegt sind: „Zieh sofort die Schuhe aus."

Ich entblättere mich unter den nicht gerade fröhlichen Blicken meiner Frau: „Gib mir die Jacke, ich hänge sie in die Waschküche."

Sie geht hinunter, ich blicke in den Garderobenspiegel und bin stolz auf den nassen Kerl vor mir, denn immerhin habe ich mich gerade selbst vor dem sicheren Ertrinkungstod gerettet.

20. September 2014

50 Hochheimer Markt

Donnerstag

Morgen beginnt der Hochheimer Markt. Obwohl wir nah am Festgelände wohnen, fahre ich weiterhin mit dem Rad, um den Leuten beim Aufbau neugierig zu-zuschauen.

Die Händler jonglieren schon morgens ihre Wagen durch die Weiherstraße. Mal helfen sie sich gegensei-tig, mal gehen sie sich auf die Nerven, meist vertra-gen sie sich. Überall wird ausgepackt und eingeräumt. Die Händler sind allesamt so gut aufgelegt, als hätten sie schon das Geld der Besucher in der Tasche.

Rund 400.000 Gäste werden erwartet. Die Stadt mit ihren gerade einmal 17.000 Einwohnern sieht bereits wie ein Campingplatz aus. Überall stehen Wohnwa-gen. Kabel und Schläuche liegen am Boden herum. Antennen schauen hinauf ins Weltall. Vor unserem Haus steht eine Mülltonne mit dem daran baumeln-den gelben Schild: EINFAHRT FREIHALTEN.

Auf dem Marktgelände selbst bekommt man keine schmutzigen Schuhe. Grobe Holzspäne bedecken bereits vorsorglich die weichen Stellen. Mit dem Rad komme auf dem mulchigen Belag nur schwer voran. Morgen werde ich hier zu Fuß gehen.

Mir fällt auch dieses Jahr wieder die Zweiklassenge-sellschaft auf dem Markt auf. Die etablierten Schau-stellerfamilien bauen immer imposantere millionenschwere Attraktionen auf. Am Krammarkt fahren die meisten Standbetreiber mit bescheideneren Fahrzeugen vor. Oft sind es Lieferwagen, die sie dann hinter dem Stand oder außerhalb parken.

Im Gestänge des 55 Meter hohen Riesenrads klettern Arbeiter, als ob es ihre natürliche Umgebung wäre. Der 20-jährige Juniorchef bedient den Kran und erzählt mir in einer Arbeitspause, dass er bereits mit 17 Jahren den LKW-Führerschein machen musste, weil der Vater gestorben war.

Der Seniorchef des Ponyreitbetriebes hat auch gerade Zeit zum Plaudern und bestätigt mir, dass er woanders doppelt so lange stehen muss, um das gleiche Geld einzunehmen. Wir sprechen über seine umfangreiche Verwandtschaft. Auch über die Schwester seines Urgroßvaters. Sie führte vor 70 Jahren den Zirkus Althoff und musste im Krieg Elefanten für die Feldarbeit abstellen, weil die Pferde und Rinder beim Militär dienten.

Freitag
Schon vor acht Uhr fahre ich mit dem Rad zum Bäcker, weil wir mit frischen Brötchen frühstücken wollen. Im Laden herrscht Hochbetrieb. Fünf Verkäuferinnen schlängeln sich um die Kolleginnen herum, Händler frühstücken an den kleinen Tischen, genau genommen im Schaufenster. Neben dem Bäckerladen räumt eine Frau ihre Kartons aus und verteilt die Waren im Stand. Ich grüße, während ich meine Handschuhe anziehe: „Guten Morgen. Auch schon fleißig?"

„Ja. Muss sein."

„Manche Händler schlafen in ihrem Stand, hab ich gehört."

„Oh nein. Wenn ich mir keine Pension mehr leisten kann, höre ich lieber auf."

Kurz vor zehn fahre ich wieder zum Markt. Die Besucher beginnen bereits die Straßen zu füllen. Ich sehe ein Auto hinter dem anderen auf Parkplatzsuche durch die Straßen schleichen. Üblicherweise schauen die Fahrer nach vorne übers Lenkrad. Jetzt spähen sie ständig nach rechts und links, peilen jede Lücke an, immer in der Hoffnung, dahinter keine Garage oder Ausfahrt zu entdecken.

Kurz vor zwölf Uhr legt vor dem Riesenrad der Spielmannszug ‚Chorgeist' in seinen roten Uniformen los und bläst in die kalten Trompeten. Der Bürgermeister und die Weinmajestäten heben das Glas und eröffnen den 530. Hochheimer Markt. Mit fünf Böllerschüssen. Eine Behinderte neben mir im Rollstuhl erschrickt und kann sich kaum wieder beruhigen. Die Zuschauer bekommen ein paar Häppchen gereicht, Kinder zeigen auf die Fahrgeschäfte und der Fanfarenzug gratuliert noch schnell einer Frau lautstark mit „Hoch soll sie leben!"

Ich eröffne meinen Markt traditionell mit einem Stück heiße Fleischwurst mit Gurke und Senf. Direkt vor dem Festzelt vom jungen Herrn Hausmann persönlich serviert.

Samstag

Um halb neun fahre ich mit dem Rad von zuhause los:
„Tschüss. Ich fahre zur Arbeit."

Für die Zeitung soll ich über die Bezirkspferdeschau berichten. Vorgabe: 120 Zeilen und drei Fotos. Ich sammle Unterlagen, frage Beteiligte aus und knipse fleißig. Leider wird der Sieger erst am Schluss ermittelt und prämiert. Das bedeutet drei Stunden Anwesenheit, auch wenn man kein Pferdenarr ist. Das Warten lohnt sich. Ich bekomme mein Siegerfoto. Die schicke Lady Lilly gewinnt und die blonde Pferdezüchterin strahlt in die Kamera. Na also. Geht doch.

Erst nachdem der Text fertig geschrieben ist, besuche ich wieder den Markt. Es ist längst dunkel und so richtig schön voll. Man braucht nicht mehr über sein Ziel nachzudenken, man wird durch die Budengassen geschoben. So wie alle, lasse ich meinen Blick nach links und rechts schweifen und schaue mir an, was es zu Essen, zu Trinken oder sonst zu erwerben gibt. Schlangen bilden sich vor den Wein- und Essständen, die längste sehe ich vor dem Stand mit den selbstgemachten Pommes.

An den Straßenecken stehen Notstromaggregate, die wie die Kompressoren von Presslufthämmern aussehen. Aber mit einem hohen Lichtmast und Leuchten oben dran. Wenn am Markt der Strom ausfallen sollte, darf man die Menschenmassen lieber nicht im Dunkeln stehen lassen. Das sehe ich ein.

Ich schaffe es tatsächlich, über die Kreuzung an der Turnhalle, in die Weiherstraße vorzudringen. Bambus ist gerade in Mode gekommen. Die Neuheitenverkäufer preisen Decken, Geschirrtücher, Pasten, Kristalle und Reinigungsmittel an. Alles aus Bambus hergestellt? Die schrecken vor gar nichts zurück.

Ansonsten sehe ich Stände, die ich schon auf meinen 20 Jahre alten Fotos habe. Die Lebkuchenherzen gefallen mir. Sie steigern ihre Aussage von links nach rechts: Minizicke küss mich - Ich mag Dich - Ich hab Dich lieb - Ich hab Dich total lieb - Ich liebe Dich.

Ich stärke mich mit einer Currywurst, ohne meine Jacke zu bekleckern. Auf dem Weg zurück begegne ich einem Einpersonenorchester, bestehend aus einem Mann mit Pferdeschwanz unter dem Lederhut mit Banjo, Mundharmonika, Schellen und fußbetätigter Pauke. Er freut sich nicht nur über den Beifall, er bekommt auch Wein und Schnaps geschenkt.

In der ‚Fressgass', die eher eine ‚Trinkgass' ist, brennt kaum Licht. Es ist richtig gemütlich und schummrig, nur aus den Buden leuchtet es ein wenig auf den Weg. Menschentrauben stehen vor den Ständen der Winzer, es ist fast andächtig leise hier im Vergleich zu den lärmenden Fahrgeschäften. Die Leute trinken, plaudern, lachen. Richtig schön ist es hier.

Auf dem historischen Markt ist es noch dunkler. Hier scheint es keinen Stromanschluss zu geben. Laternen hängen an den Ständen, offene Feuerstellen mit dicken Holzscheiten wärmen die Besucher. Spanferkel drehen sich über glühenden Scheiten. Die Schnauzen sind noch dran, die Ringelschwänze auch. Die Haut ist kreuzweise eingeschnitten und wird zur leckeren Kruste.

Meist junge Leute stehen geduldig in langen Schlangen, um ein heißes Dinnerle oder geschmolzenen Käse zu bekommen. Man hat Zeit.

Vor meinem in einer Seitengasse abgestellten Fahrrad sitzen drei sehr sommerlich gekleidete Mädchen auf dem kalten Pflaster. Bei acht Grad Celsius. Etwa 14 Jahre alt könnten sie sein. Eine bietet den anderen Zigaretten an. Die nehmen sie ungeschickt zwischen die Finger, zünden sie an und mit einem anerkennenden „Echt cool" versuchen sie hustend zu rauchen.

Soll ich mich einmischen? Als besserwissender Oldie? Nein, ich halte es für sinnlos. Doch welche Karriere beginnt da gerade? Ich denke noch tagelang darüber nach, ob ich etwas hätte sagen sollen.

Sonntag

Auch heute fahre ich ,zur Arbeit'. Diesmal soll ich über die ,Bezirksrinderschau mit Prämierung' berichten. Das ist zwar interessant, aber auch drei Stunden lang. Wieder besitze ich den Ehrgeiz, den Sieger zu fotografieren. Das bedeutet auch heute: Ausharren. Im Zelt knipse ich zwischendurch die Kinder vor den Ziegen, Schafen und Schweinen.

Durch den Lautsprecher erfahre ich, dass nun eine echte Rarität, wenn nicht sogar eine Sensation folgen wird. Und so ist es dann auch. Franziska Schimke reitet auf einem Ochsen wie auf einem Pferd in den Ring. Mit Reiterhelm und Gerte. Im Schritt und im Trab. Und beiden macht es sichtlich Spaß.

Hinterher befrage ich die Züchterfamilie und erfahre eine tolle Story. Die Rasse ‚Rotes Höhenvieh' war fast schon ausgestorben. Dann wurde doch noch Sperma gefunden und die Züchterin Astrid Steinhoff konnte damit ein Zuchterhaltungsprogramm beginnen. Es gelang. Doch das ist noch nicht alles. Der Reitochse Urmel war als Kalb in einen Bach gefallen und daraufhin von der Mutter verstoßen worden. Franziska zog Urmel mit der Flasche auf, freundete sich so mit ihm an, dass sie ihn sogar zum Reitochsen ausbilden konnte. Solche Geschichten machen Spaß.

Die Besucher dürfen auch noch das schönste Galloway-Rind wählen. Es bekommt nun als letzter Punkt der Veranstaltung die Schärpe ‚Miss Hochheim 2013' umgehängt. Obwohl wir das Jahr 2014 schreiben. Hat der Verband die Schärpe recycelt? Außer mir und dem Züchter wird es wohl niemand gemerkt haben. Auch ich habe es erst auf dem Foto entdeckt.

Montag
Heute will ich mir den Markt einmal in aller Ruhe anschauen und versuchen, mit Händlern zu plaudern. Ein Popcornverkäufer klärt mich über die ungeschickten Kollegen auf, die meinen, das Geld in der Kasse

gehöre ihnen. Er gibt mir regelrecht Unterricht, obwohl ich längst weiter gehen möchte: „Wenn es dann ausgegeben ist und das Finanzamt seinen Anteil eintreiben will, geht der Ärger richtig los. Fleißig muss man sein, selbst arbeiten. Ich habe meine ganze Familie im Geschäft. Das ist eine Erfolgsgarantie. Sich selbst in den teuren Wohnwagen setzen, Bier trinken, Fernsehen gucken und zwei Polen in den Stand stellen, das geht nicht gut."

Anschließend probiere ich vor einem großen Spiegel Hüte aus. Deutsche, amerikanische und australische. Hübsch, aber nicht fürs Fahrrad geeignet. Weihnachtsartikel und sogar Plätzchen sind schon da. Dirndl und Lederhosen hängen an Lieferwagenwänden. Kirschkernkissen möchten kalte Frauenfüße wärmen. Neben einem Riesengong hängt der Schlegel. Ich beherrsche mich gerade noch. Über dem CD-Wagen steht: ‚Der gute Ton auf allen Märkten'. Ich höre eine Weile zu. Margot Eskens singt ‚Tiritomba' und Rocco Granata ‚Manuela'. Tausend Erinnerungen werden wach.

Ein Mann will meinen Namen in ein Reiskorn gravieren. Wozu? Kann ja doch niemand ohne Lupe lesen. Immerhin könnte man es beim Mittagessen mitkochen. Sozusagen als vorbildliche Entsorgung. Ein Händler sitzt in der Ecke, hat die Alufolie an seinem Fertiggericht hochgezogen und versucht nun mit Messer und Gabel sein Lunch einzunehmen. Er sieht müde aus.

Am easyclean-Stand gehen die Leute grinsend vorüber und amüsieren sich über den Händler. Er sitzt hinter den Plastikbehältern mit dem Wundermittel auf seinem Stuhl. Der Kopf ist zur Seite gefallen. Er schnarcht ein wenig.

Neben der Turnhalle hat jemand seinen Laden im Erdreich eines sonst unscheinbaren Baumes errichtet. In den Boden gesteckte Kerzenständer machen aus dem Quadratmeter um den Baum herum ein Kunstwerk. Alle Kerzen leuchten und flackern im Wind. Nebenan gibt es Glühwein.

Der Stand mit dem Abflussrohrreiniger hat sein Angebot erweitert. Mit einer Fernbedienung in der Hand steuert der Mann den über mir fliegenden beleuchteten Spielzeughubschrauber präzise zwischen Bäumen und Girlanden hindurch. In etwas größerer Ausführung heißt das Ding dann Drohne.

Kräuterbonbons, Fischbrötchen, Bratwürste, Grünkohl mit Mettwurst und Knoblauchbrote riechen deftig. Hier stört es mich nicht.

Ich gehe von Stand zu Stand, mustere kleine Bumerangs, amüsiere mich über Schuheinlagen aus Zedernholz (gegen Fußschweiß). Eine umfangreiche Frau hält sich verschämt ein überdimensionales Mieder vor den Leib.

Der Mann hinter den Duftölflaschen sagt etwas hilflos: „Ich habe Ihre Frage nicht richtig verstanden.

Wissen Sie, es tut mir leid, aber mein Stand ist da drüben. Ich helfe nur dem Kollegen hier kurz aus."

An einer Schießbude müht sich ein junger Mann mit dem Luftgewehr ab. Nach fünf Schüssen trifft er endlich ein Röhrchen und kann seiner Freundin eine Rose überreichen. Daneben legt eine Frau das Gewehr in Wildwestmanier stehend an die Schulter und schießt ohne Unterbrechung alle zehn Geister ab. Plopp, plopp, plopp, plopp … Einfach so.

Mir fällt auf, dass die Marktbesucher allesamt munter und fröhlich sind. Die Leute in den Ständen sehen dagegen fast alle müde aus. Ihr Blick sagt: „Es reicht. Ich will nach Hause."

Das Riesenrad dagegen dreht sich ohne Ermüdungserscheinungen immer weiter. Mir fallen die alten wasserdichten Lautsprecher auf. Ich erkenne sie wieder. Sie sind schon auf meinem 1992 gedrehten Videofilm zu sehen. Neu ist die in allen Farben flimmernde LED-Beleuchtung. Man könnte das Lichtspektakel auch als Befeuerung bezeichnen.

Eine saure Gurke gönne ich mir noch ‚auf die Hand'. Die Werbung: „Sauer macht Power" sollten allerdings lieber die erschöpften Händler beherzigen. Ich gehe noch am Prager Schinken vorbei, der am Grill hängt, sich langsam dreht und schwitzt. Und der Käseverkäufer ist auch in diesem Jahr nach vier Tagen bemitleidenswert heiser.

Dienstag

Eigentlich reicht es mir. Ich wollte heute nicht mehr ‚auf den Markt' gehen. Aber nun endet meine große Radrunde um Hochheim herum doch rein zufällig am Crêpestand. Ich gönne mir diesen beliebten bretonischen Eierkuchen. Mit Grand Marnier innendrin. Mir gegenüber arbeitet eine Frau am kleinen runden Tisch mit der Plastikgabel an einer Dampfnudel mit Kirschsoße. Sie ärgert sich, weil ihr kleiner Sohn nicht einmal probieren mag.

Auch heute stehen vor allem die 14- bis 20-jährigen an den Fahrgeschäften an. Am Familiennachmittag kann man zu reduzierten Preisen fahren. Statt 5 € sehe ich 3,5 €. Aus 3 € werden 2 €. Sogar das Studentenfutter sehe ich an einer Bude reduziert.

Was macht den Reiz des Hochheimer Marktes aus? Was zieht die Leute so an? Ich meine, es ist die Vielfalt. Alle Sinne werden angesprochen. Selbst Fühlen kann ich das Fest. Im Rücken. Er schmerzt und ich setze mich auf eine Bank gegenüber dem ‚Night Style', einem Magenumdreher, der auch schon einmal ‚Topspin' hieß. Hinter mir schreien zwei hässliche Haie, ein Pirat ruft krächzend nach mehr Besuchern. Nebenan kreischen die im KING umhergewirbelten Teenies. Weiter vorne rattert der Wellenflug, die Werbung schwärmt von Schwerelosigkeit, früher hieß das Ding schlicht Berg- und Talbahn. Aus Lautsprechern dringt Musik aller Art, unterbrochen von Aufforderungen zum Mitmachen. Nebelmaschinen lassen Mensch und Maschine im Dampf verschwinden. Er steigt auf und macht den schwarzen Himmel grau.

Junge Leute stehen in Gruppen, müssen sich gegen den Lärm durchsetzen. Etwa die Hälfte hat das Smartphone in der Hand, manche machen Selfies zu zweit und verschicken sie sofort. Kein Wunder, dass das Mobilfunknetz am Markt überlastet ist.

Eine junge Frau steht alleine vor mir und kümmert sich nicht um den Trubel. Aus ihrem Anorak schaut ein winziger Hund mit spitzen Ohren hervor. Sie drückt ihn an ihre Wange, küsst ihn immer wieder auf den Kopf.

Neben mir höre ich eine Frau mit ihrem Mann schimpfen: „So besoffen kannst du doch nicht mit dem Auto fahren."

Eine Frau kämpft sich mit dem Buggy durch die aufgeschütteten Holzspäne. Ihr Kind schreit und wirft sein angeknabbertes Brötchen in hohem Bogen weg. Es landet tatsächlich auf meinem Schoß. Die Mutter ist froh, dass ich darüber lachen kann. Sie findet es gar nicht lustig.

Meinen Abschluss des Marktes sollte eine heiße Fleischwurst mit Gurke bilden. So wie auch der Beginn. Vor der Fleischwursttheke haben es sich drei große Männer bequem gemacht und wollen flirten. Die Dame muss sie regelrecht zur Seite schieben, um den Betrieb aufrecht zu erhalten. Sobald Platz ist, bestelle ich meine Fleischwurst bei der hübschen blonden Frau und versuche ein Kompliment: „Sie sehen noch so fit aus!"

Ihr trockener Kommentar, während sie die Wurst mit einer Holzzange aus dem heißen Wasser hebt: „Das täuscht. Guten Appetit."

Hinter mir höre ich das mit bayrischer Musik gefüllte Festzelt. Vor mir steht das zwar ruhig fahrende, aber hektisch blinkende wirklich riesige Riesenrad.

Aus dem Festzelt kommt ein großer grauhaariger Mann. Der neue Bürgermeister Westedt ist ebenfalls unterwegs. Gleich wird er von mehreren Besuchern umringt. Er schüttelt Hände, lächelt und versucht sich loszueisen. Es gelingt ihm tatsächlich, aber keine zwei Meter weiter fällt er der nächsten Gruppe in die Hände. Es scheint schwer zu sein, auf dem Markt voranzukommen, wenn man so bekannt ist.

Meine finale Fleischwurst ist verdrückt, die saure Gurke ebenfalls, so wie im vorigen Jahr und den Jahren zuvor auch. Ich schlendere dann wieder zwischen den Menschen hindurch, beobachte, wie sie plaudern, lachen, sich begrüßen und stehen bleiben, zum Nachteil der folgenden Besucher. Eine Mutter pflückt von einem Stück Kuchen kleine Brocken und füttert im Gehen die Kinder rechts und links von ihr.

Vor der riesigen, hell erleuchteten Losbude laufe ich unbeabsichtigt dem Bürgermeister vor die Füße. Er begrüßt mich mit: „Na, schon alle Fotos gemacht?"

„Ja. Das ist erledigt. Jetzt hole ich mir noch Ideen für den Schluss meines Unterwegs-Buches."

„Wird wohl was Weihnachtliches sein."

„Nein. Ich hab da eher einen großen grauhaarigen Mann im Sinn, der hier kaum vorankommt."

„Ach, du liebe Zeit. Schönen Abend noch, ich muss für meine Frau Pralinen besorgen ..."

Mittwoch

Der Hochheimer Markt 2014 ist vorüber. Dieses Jahr war das Wetter ideal. An keinem der fünf Markttage hat es geregnet. Die Polizei schätzt die Besucher auf rund 500.000. Absoluter Rekord. Schon am frühen Morgen haben fast alle Händler die Heimfahrt angetreten. Gegen Mittag ist die komplette Weiherstraße frei. Vom Kettenkarussell und dem Piratenschloss ist nichts mehr zu sehen. An den anderen Fahrgeschäften wird emsig gearbeitet, Kabel werden geschleppt, LKWs beladen. Auf den Ausfallstraßen Hochheims sieht man seltsame Gefährte entschwinden. Zum Beispiel eine komplette hölzerne Schwarzwaldhütte samt Dachschindeln obenauf.

Was bleibt? Etliche Millionen Euro wechselten den Besitzer und auf dem Marktgelände liegen sehr viele Holzspäne, meist gut in den Boden eingetreten. Die Mikroorganismen werden sich über die Nahrung freuen. Kürzlich las ich, dass faulendes Holz mittels Biolumineszenz leuchten kann. Ich sollte das demnächst in einer mondlosen Nacht überprüfen.

12. November 2014

51 Das war es erst einmal

Der Kreis schließt sich. Es wird wieder Winter. Schon lange ist die T-Shirt-Zeit vorbei. Auch der Hochheimer Markt 2014 gehört der Vergangenheit an. Es ist kalt geworden und ich muss mich auf meinen Radtouren mit Pudelmütze, Schal und Handschuhen vor dem Erfrieren retten.

Und dieses Buch sollte auch endlich fertig werden. Gut 200 Seiten reichen erst einmal.

Es hat Spaß gemacht, diesmal keinen erfundenen Roman zu erzählen, sondern über die reale Wirklichkeit zu schreiben. Jedenfalls so, wie ich sie erlebe.

Danksagung

Ich bin zu großem Dank verpflichtet:

Meiner geduldigen Frau und Erstleserin Carmen für ihre gnadenlosen Kommentare („also ehrlich, was soll das denn, das kannst du doch nicht schreiben …"),

Christel Kuhn, pensionierte Lehrerin und begeisterte Leserin, für ihre orthografischen Einwände und Verbesserungsvorschläge („ziemlich oft im Café …"),

meiner Tochter Sonja für das Foto auf dem Buchumschlag („Papa, nicht im Stehen, fahr einfach an mir vorbei und winke mir zu …").

Und natürlich danke ich den vielen Hochheimern, denen ich bei ihren Alltagsbeschäftigungen neugierig zuschauen durfte.

Dietmar Elsner
Hochheim am Main
Im November 2014